SABINE JÜRGENS

UNSERE LiNA MUSS NiCHTS MÜSSEN!

KNAUS & KO

SABINE JÜRGENS

UNSERE LINA MUSS NICHTS MÜSSEN!

Lach- und Krach-Geschichten aus
der Erziehungszone

KNAUS & KO

Dieses Buch wurde vermittelt durch die Agentur
Swantje Steinbrink, Berlin.

Verlagsgruppe Random House FSC® N001967
Das für dieses Buch verwendete
FSC®-zertifizierte Papier *Super Snowbright*
liefert Hellefoss AS, Hokksund, Norwegen.

1. Auflage
Copyright © 2013
beim Albrecht Knaus Verlag, München,
in der Verlagsgruppe Random House GmbH
Satz: Uhl + Massopust, Aalen
Druck und Einband: GGP Media GmbH, Pößneck
Printed in Germany
ISBN 978-3-8135-0588-7

www.knaus-verlag.de

Inhaltsverzeichnis

Vorwort

Liebe Eltern! Keine Sorge! SIE sind in diesem Buch natürlich nicht gemeint! Es geht um DIE ANDEREN! Die, über die Sie sich schon so oft aufgeregt haben, weil sie ihre Kinder nicht erziehen, und wenn, dann zu fröhlichen Nachwuchsterroristen oder Vorstadtdiktatoren.

SIE gehen mit Ihren Kindern natürlich ganz anders um: NEIN heißt NEIN und IHRE Grenzen sind nicht dehnbar wie Kaugummi. Aber die anderen, das sind die, die ihren Kindern alles erlauben und nichts verbieten.

Diese Eltern haben das Kommando offenbar längst dem Nachwuchs überlassen – und nun wird überall in Deutschland geschimpft: Über ungezogene Kinder und Besserwisser-Eltern. Jene Mütter und Väter, die das Elternsein angeblich neu erfunden haben. Aber was genau machen die? Und worüber regen wir uns eigentlich so auf?

Ich bin der Sache auf den Grund gegangen – und habe neben ganz normalen Bürgern auch jene nach ihren Erlebnissen und Erfahrungen gefragt, die täglich mit Eltern und ihren Kindern konfrontiert werden: Lehrer und Lehrerinnen, Erzieher und Erzieherinnen und Sozialpädagogen.*

Die müssen es ja wissen …

*Aufgrund der besseren Lesbarkeit verzichtet die Autorin auf eine durchgängige weibliche und männliche Schreibweise.

Kleine Einführung

Ihr Kinderlein kommet! Deutschland braucht Zuwachs! Der gebildete Mittelstand im gebärfreudigen Alter soll für den bitter nötigen Nachwuchs in unserem Land sorgen. Im Gegenzug will der Staat für ihn sorgen: mit mehr Krabbelstuben, einem gesetzlichen Anspruch auf einen Krippenplatz sowie Betreuungs- und Elterngeld. Das ist der Deal, und der geht vollkommen Ordnung. Aber viele Eltern von heute haben offensichtlich das Kleingedruckte nicht gelesen. Da steht nämlich drin, dass sie nicht nur erziehungs*berechtigt*, sondern auch *-verpflichtet* sind. Rund um die Uhr. Also auch nach Feierabend, im Urlaub und am Wochenende. Doch deren Credo lautet wohl: Wir möchten an lauen Sommerabenden mit unseren Freunden ungestört im Biergarten sitzen, im verrauchten Partykeller der besten Freundin tanzen oder nach Feierabend entspannt auf dem Balkon ein Glas Wein trinken. Und uns nicht mit der trotzköpfigen zweijährigen Mia-Marlene auseinandersetzen. Schon gar nicht den schreienden fünfjährigen Anton vom Fernseher wegzerren. Oder der übermüdeten dreijährigen Louise erklären, dass man das Steinpilzrisotto nicht auf dem guten Olivenholz-Esstisch verreibt! Und jetzt haben wir den Salat. Denn man kann niemanden dazu zwingen, seine Kinder zu erziehen. Schon gar nicht anständig.

Vielleicht sind das aber einfach die besseren Eltern! Cooler, klüger und fortschrittlicher! Sollten wir das vielleicht neidlos anerkennen? Oder sind sie einfach nur faul, feige und frech? Weil sie konsequent Erziehung verweigern, jeder Konfrontation mit ihrem Kind aus dem Weg gehen und stattdessen ihren Mitmenschen auf die Nerven? Finden wir es heraus!

Begleiten Sie mich auf meinem Streifzug durch Cafés, Restaurants, Geschäfte und auf Spielplätze, wo sich abenteuerliche, amüsante und absurde Szenen zwischen Eltern und ihrem Nachwuchs abspielen.

Besuchen Sie mit mir Kindertagesstätten, Krabbelstuben, Krippen und Grundschulen und lauschen wir den Geschichten der Augenzeugen – Lehrer, Erzieher und Sozialpädagogen:

von verzweifelten Vätern, die ihre Kinder nach Kita-Schluss ohne fremde Hilfe nicht nach Hause bekommen;

von fleißigen Müttern, die während des Unterrichts die Schultaschen kontrollieren;

von besorgten Mamas, die ihren lieben Kleinen zum Schwimmen im Hallenbad Neoprenanzüge anziehen;

und von total gechillten Eltern, die beim Kindergarten-Kaffeetrinken erst dann so richtig abschalten können, wenn um sie herum das Chaos ausbricht …

Dazu meine Top 10 der Pädagogen-Kommentare:

1. Das ist vollkommen normal!
2. Ich weiß nicht, wie lange ich das noch aushalte!
3. Die haben bei ihren Kindern nichts mehr zu melden!
4. Die Väter sind noch schlimmer!
5. Alles kleine Götter und kleine Einsteins!
6. Schuld sind immer die anderen!
7. Der Kunde ist König!
8. Die lassen sich von ihren Kindern alles gefallen!
9. Die wissen ja sowieso alles besser!
10. Oh, sehr gerne! Wie lange haben Sie Zeit? (Auf die Frage, ob

sie mir etwas über ihre alltäglichen Erfahrungen mit Eltern und ihren Kindern erzählen würden.)

Freuen Sie sich auf Unglaubliches aus der schönen neuen Kinderwelt!

Alle Namen wurden geändert: die der Betreuungseinrichtungen und der Lehrer und Erzieher, die aus persönlichen Gründen anonym bleiben möchten. Einige Anregungen und Inhalte sind den Beiträgen aus www.*Forum-fuer-Erzieher.de*, *www.eltern.de* und *www.netmoms.de* entnommen.

I don't like Mondays

Morgens um sieben ist die Welt nicht immer in Ordnung …

Für mich beginnt dieser Montagmorgen wie immer. Entweder hat Lenny Kacka gemacht oder er soll Pipi machen. Und was habe ich damit zu tun? Eine ganze Menge! Wir wohnen zufällig in einem Haus und ich darf an ihrem Leben teilhaben, was nicht nur abwechslungs-, sondern auch sehr lehrreich ist. Fast täglich werde ich Zeuge von einzigartigen Mutter-Sohn-Gesprächen, aber ich möchte nicht zu viel verraten, die Woche fängt ja gerade erst an. Und Vorfreude ist bekanntlich die schönste.

Starten wir also in eine Woche, in der ich nicht nur Lenny, Lina, Elisabeth und viele andere Kinder mit ihren Eltern treffe, sondern in der uns vor allem Erzieher und Lehrer wahre Geschichten aus ihrem Alltag erzählen. Dagegen ist meiner der reinste Kindergeburtstag.

Wie immer öffne ich gegen sieben Uhr das Fenster. Frische, kühle Luft strömt herein und mit ihr die allmorgendliche Konversation zwischen einer Mutter und ihrem Sohn. Lenny, gerade vier Jahre alt, und Larissa, eine alleinerziehende Anästhesistin, wohnen ein Stockwerk über mir.

»Geh bitte Pipi machen, Lenny!«

»Ich muss gar nicht.«

»Wo sind deine Winterstiefel, Lenny?« – »Ich will aber die blauen Turnschuhe anziehen!« – »Es ist zu kalt für Turnschuhe, Lenny. Und geh jetzt bitte endlich Pipi machen, wir müssen los.

Ich komm sonst zu spät ins Krankenhaus.« Gezeter, Geheule, Getrampel. Irgendetwas poltert auf den Boden. »Hast du dir die Hände gewaschen, Lenny?« »Nein.« »Du sollst dir bitte nach dem Pipi machen die Hände waschen!« »Ich hab gar nicht gemacht. Ich muss nicht.« Ich schließe das Fenster wieder, das war mein erster Muntermacher, nun brauche ich einen Kaffee. Ohne Lenny wäre mein Leben schrecklich trostlos. Ein friedlicher Morgen ohne diese anspruchsvolle Konversation? Das wäre ja kaum auszuhalten! Besonders hervorzuheben ist Larissas bewundernswerte Ruhe, eine Mustermutter. Toll, wie sie alles in dem immer gleichen, monotonen und stets freundlichen Tonfall wiederholt. Ein lebendes Sedativum. »Kommst du jetzt bitte, Lenny?« Die beiden befinden sich im Hausflur, Larissa hat bereits die erste Treppe hinter sich, sie steht am Fuße derselben, Lenny noch oben. »Bitte, Lenny, komm jetzt. Wir müssen uns beeilen.« Ich kann mir genau vorstellen, wie der Kleine dort oben steht, es ist ja heute nicht das erste Mal, dass Lenny die unerschütterlichen Nerven seiner Mutter auf die Probe stellt. Er nimmt in Zeitlupe immer genau eine Stufe, um sich dann wieder auszuruhen. Nach dem Duschen stelle ich erstaunt fest, dass die beiden tatsächlich schon ein Stockwerk geschafft haben, sie stehen nun direkt vor meiner Wohnungstür. »Lenny, ich finde das nicht in Ordnung. Du weißt genau, dass wir spät dran sind. Ich muss ins Krankenhaus.« Ich finde, das klingt immer besonders dramatisch und müsste eigentlich widerstandslos akzeptiert werden. Ist aber nicht so.

Larissa versucht es also mit der »Ich appelliere an dein Gewissen«-Nummer. Irgendwo hatte ich mal gelesen, dass Kinder ab dem vierten Lebensjahr erkennen, dass sie ein eigenes Innenleben haben. Lenny kapiert also gerade, dass sein Innenleben und die Außenwelt nicht immer zusammenpassen. An dieser Stelle wird sozusagen der Grundstein fürs Gewissen gelegt. Dem Knaben scheint aber völlig schnuppe zu sein, ob seine Mutter ein Problem hat. Seines ist immer ein bisschen größer. Gewissensbildung live – wann hat man schon mal die Gelegenheit, dabei zu sein? Ich nahezu jeden Tag, und das verändert auch mein Innenleben, natürlich in erster Linie positiv! Ganz davon abgesehen, interessieren sich die beiden überhaupt nicht für ihre Außenwelt, morgens um halb acht.

Die Narkoseärztin ist am Fuße der nächsten Treppe angekommen, ich werfe einen Blick durchs Guckloch und sehe Lenny auf der obersten Stufe, wie er ganz langsam einen Fuß nach unten auf die nächste Stufe setzt, kurzes Innehalten, dann zieht er den zweiten nach. Wieder Pause. Ich mache kehrt. Bis er unten ist, habe ich mich angezogen.

Lenny hat gerade die letzte Treppe im Schneckentempo zurückgelegt, er steht jetzt unten im Hausflur. »Guten Morgen!« flöte ich fröhlich. Den Kopf gesenkt, starrt er auf seine verhassten Winterstiefel. Larissa hat bereits die Haustür aufgemacht. Optimistin. Vielleicht hat sie es auch nur für mich getan. Aber von mir nimmt keiner Notiz, das wäre auch zu viel verlangt, hier geht es gerade ums komplizierte Innenleben eines Vierjährigen. »Lenny, komm jetzt, wir müssen noch bis zum Auto, das steht hinten beim Bäcker. Du weißt doch, dass wir gestern so lange einen Parkplatz gesucht haben!« Lenny schüttelt den Kopf. »Was ist denn jetzt schon wieder?« Ich will mich gerade an meinem kleinen Nachbarn vorbeimogeln, da springt er mit einem Satz nach vorne. Larissa lächelt. Hurra, mein Kind bewegt sich! Mütter sind ja so leicht zufriedenzustellen. Ich werfe einen letzten Blick auf die Ärztin und den kleinen Patienten, da vernehme ich laut und jammernd: »Ich muss Pipi!« Gut gemacht, Lenny! Gerade noch rechtzeitig! Das wird die Mama freuen.

Larissas Patienten werden heute wohl bei vollem Bewusstsein in den OP geschoben, was mit Lenny hingegen passiert, ist reine Spekulation. Erfahrungsgemäß wird er gewinnen. Ich stelle mir vor, wie sie in einer Stunde den zweiten Stock erreicht haben, Lenny zur Toilette geht, aber das Händewaschen vergisst und am Ende die Diskussion um seine blauen Turnschuhe gewinnt. Auf Lenny ist nämlich Verlass.

Auf der Straße wimmelt es von Mutter-Vater-Kind-Gespannen, die meisten sind in Eile. Müde, schlafwandelnde Zwerge mit Mützen so tief im Gesicht, dass sie orientierungslos, weil halbblind, hinter ihren Eltern herirren. Ich werde leicht angerempelt, blicke zur Seite und schaue in ein genervtes Mutterantlitz. Entschuldigung, denke ich, ich bin die Außenwelt. Der kleine Junge an ihrer Hand hat sein Ich möglicherweise schon entdeckt, er sieht ein wenig schuldbewusst aus, kann es aber wohl mit der Außenwelt noch nicht so richtig in Einklang bringen. Er ist höchstens drei Jahre alt und versucht tapfer, Schritt zu halten. Doch es gelingt ihm nicht. »Mensch, Ole, warum musst du auch immer so trödeln!« Schwierige Frage. Auch Ole hat keine Antwort parat. Er flattert nun im eisernen Griff seiner Mama beinahe schon waagerecht in der Luft. »Mensch, Ole, nun komm' doch, wir müssen uns beeilen.« Das sieht man. Und Ole versucht ja schon zu fliegen! Mehr geht echt nicht! Ich stelle mir vor, dass Ole und Lenny die dicksten Freunde sind, die gleich in der Kindertagesstätte »Milchzahnbande« ihre morgendlichen Geschichten austauschen und sich dabei vor Vergnügen auf die kleinen Schenkel klopfen. Im Moment sieht Ole allerdings alles andere als amüsiert aus. Er müsste jetzt echt mal eine Pause einlegen. Aber keine Chance! Mama ist jetzt stinksauer: »Mensch, Ole, du könntest auch mal ein bisschen auf die Zeit achten!« Genau! Der fliegende Ole und seine Mutter verschwinden hinter der Ecke. Ich bleibe kurz stehen und schaue den beiden nach. Da höre ich in diesem Moment direkt hinter mir dieses Mamasäuseln auf Hochfrequenz, das immer dann zum Einsatz kommt, wenn akuter Trotz droht.

»Marie, kommst du bitte? Mariie. Mariiiie, die anderen Kinder warten schon auf dich. Sie sind ganz traurig, wenn du heute nicht in den Kindergarten kommst. Mariiiiee, die Mami ist auch ganz traurig, wenn du nicht mitkommst.«

Da wird einem schon was geboten. Hier der fliegende Ole ohne Uhr und da die kleine Marie, die eben mal locker den morgendlichen Berufsverkehr lahmlegt. Beziehungsweise ihre wachkomatöse Mutter:

»Marie, bitte, die Mama ist echt ganz dolle traurig.«

»Und die Autofahrer am Zebrastreifen sind übrigens auch alle total traurig, Marie, weil du seit Minuten die Straße blockierst«, ergänze ich im Stillen. Dann gehe ich lieber. Außerdem kann ich diese Huperei am frühen Morgen überhaupt nicht ab. Also mache ich mich beschwingt von dannen, doch schon an der nächsten Ampel darf ich Zeugin sein, wie eine selbstlose Mutter ihren Sohn vor Schlimmerem bewahrt.

Panisch wirft sie sich über ihr (bis dahin vollkommen entspanntes!) Kind im Buggy und hält ihm die Ohren zu. Mich überkommen sofort Schuldgefühle. Habe ich laut gedacht? Sind das erste Anzeichen eines Tourette-Syndroms? Nein, es dauert einen Moment, aber dann höre ich es auch: den ganz schwachen Ton eines Martinshorns. Daher die Vorsichtsmaßnahme, vermutlich damit der sensible Sohnemann keinen Schaden nimmt. Ich flüchte mich in die warme Bäckerei, in der sich wie immer eine Schlange gebildet hat. Ach, da ist ja auch wieder der Papi mit der stylischen »Out of bed«-Frisur, der jeden Morgen mit seiner kleinen Elisabeth den ganzen Betrieb aufhält, weil die

Zweijährige ihre Entscheidungen immer unbedingt alleine treffen will – und vor allem soll. Erfahrungsgemäß möchte sie das Vanillehörnchen mit dem Zucker obendrauf, aber Papi versucht ihr immer die Müslistange unterzujubeln. Ganz vorsichtig, versteht sich, er will der allerbeste Freund seiner kleinen Prinzessin sein, Vater sein ist uncool. Das macht ja heute kein Mensch mehr. »Schau Lissy, magst du vielleicht ein Laugenbrötchen?« Die Müslinummer ist offenbar schon gegessen. »Das!« Patsch, mit dem kleinen fettigen Händchen, das die Mami heute Morgen so schön eingecremt hat, auf die saubere Glasscheibe. Die Bäckereifachverkäuferin meines Vertrauens, Frau Ü., kann nichts mehr erschüttern. Sie kennt ihre Pappenheimer. Der Papa geht jetzt in die Knie (Achtung, ganz wichtig: Augenhöhe!): »Ach, Lissy, das ist ein Quarkkeulchen, das ist auch viel zu süß. Das kaufen wir heute Nachmittag.« Nun zündet Lissy die zweite Eskalationsstufe: Heulen.

Geduldig warte ich, bis die kleine Prinzessin sich durch alle Phasen gejammert, geweint, geschrieen, gebrüllt und am Ende ihren hübschen Dickkopf durchgesetzt hat. An diesen Zustand habe ich mich gewöhnt. Meine Zeit ist gekommen, wenn Klein Lisbeth sich irgendwann zwischen 25 Kuchenteilen und dem reichhaltigen Brötchensortiment entschieden hat. Für Vanillehörnchen und Quarkkeulchen. Das ist mein täglicher Beitrag zur optimalen Entfaltung von Lissy & Konsorten. Das habe ich von Elisabeths Papa gelernt, der ist auch nie in Eile. Das ist toll! Keine Hetze, kein Drängeln, er berät seine Tochter in allen Ernährungsfragen mit so viel Liebe und Geduld, da geht einem das Herz auf. Was kümmern ihn die anderen in der Schlange hinter ihm! Seine Lissy ist der Mittelpunkt der Erde. Und natürlich auch meiner. In einer stillen Stunde hatte ich mich mal mit Frau Ü. über den morgendlichen Kundenstau unterhalten.

Schließlich möchte ich ja schon wissen, ob sie wirklich so verständnisvoll ist, wie sie jeden Morgen tut. »Ach, das Kind kann ja nix dafür!« Na, der Papa aber auch nicht! Der gibt jeden Morgen alles. Prinzessin Elisabeth hat es nun nach mehreren Versuchen endlich auch geschafft, das Geld mit freundlicher Unterstützung von Papi über die Theke zu reichen. Wir waren alle so nett und haben die rollenden Münzen vom Boden wieder eingesammelt. Nun bin ich an der Reihe und nachdem ich meine Lowcarb-Brötchen in Empfang genommen habe, darf ich noch ein Päuschen einlegen.

Direkt vor dem Eingang läuft gerade eine sehr ernstzunehmende Diskussion zwischen einer Mutter und dem dreijährigen Niels. Und ich komme am »Croozer Kid for 2«-Fahrradanhänger nicht vorbei. Niels kann sich nämlich nicht entscheiden, ob er lieber im Anhänger oder auf dem Fahrradsitz Platz nehmen will. »Oder möchtest du vielleicht lieber laufen?« Er weiß es einfach nicht. Leider nimmt Mama ihm diese schwerwiegende Entscheidung auch nicht ab. Und eine Entscheidungsfindung braucht seine Zeit. Das weiß ich ja schon von Lissy. Da ich aber auch nicht helfen darf, schiebe ich mich ganz vorsichtig an Niels vorbei und lasse die beiden mit ihrem Problem alleine. Keine Sorge! Erfahrungsgemäß findet eine Einigung statt. Irgendwann.

Vor dem Kindergarten »Kleine Rüpel« sieht es aus wie am Kamener Kreuz. Es staut sich. Geländewagen mit eingeschalteter Warnblinkanlage parken in zweiter Reihe, nörgelnde Kinder werden aus Autos und Fahrradsitzen gepult, kleine Rucksäcke schleifen über den Gehweg und immer wieder höre ich flehendes Bitten und Betteln: Kommst du jetzt bitte? Beeil dich doch bitte mal!

Wenn der Vater mit dem Sohne ...

An diesem ganz gewöhnlichen Montagmorgen vor einem Kindergarten bekommt man nur eine kleine Vorstellung davon, was sich jeden Tag in den Kindergärten, Krippen und Kindertagesstätten so abspielt. Lauschen wir deshalb einem Tatsachenbericht von Conny B., Erzieherin aus Berlin. Sie stellt uns Peter und Oscar vor, zwei Jungs, von denen sie uns in den nächsten Tagen noch einiges erzählen wird.

Peter und Oscar waren von Anfang an die besten Freunde. Sie spielen und toben zusammen und sind immer einer Meinung. In der Regel diskutieren sie alles aus, somit gibt es niemals Unstimmigkeiten. Ungewöhnlich ist nur der Altersunterschied. Peter ist 28 Jahre älter als Oscar und zufällig sein Vater. Und Oscar ist zweieinhalb. Von der klassischen Vater-und-Sohn-Konstellation sind diese zwei weit entfernt. Die Hierarchie wurde komplett aufgehoben. Denn würde Peter seinem Sohn von oben nach unten eine Anweisung erteilen oder ein Verbot aussprechen, liefe er natürlich Gefahr, dass der Junior das doof fände. Und seinen Alten gleich mit. Deshalb ist Oscars Papa einfach nur gnadenlos nett, furchtbar verständnisvoll und unerbittlich aufmerksam. Peter hat an der Universität einen Masterstudiengang in Geschichte belegt und ist zeitlich flexibler als seine Lebensgefährtin. Maren ist Diplom-Psychologin, aber sie will nun zusätzlich eine Ausbildung zur Psychologischen Psychotherapeutin machen. Der kleine Oscar ist somit also in den allerbesten Händen ...

Und dennoch ist er irgendwie unzufrieden mit sich und der Welt. Seit einem Jahr besucht er unsere Kindertagesstätte»Bärenhöhle«, wo noch neun weitere Kinder zwischen null und sechs Jahren jeden Tag von 8.00 bis16.30 Uhr spielen. In den ersten Wochen hat er die meiste Zeit davon geschrien. Nun kommen andere Probleme auf Oscar zu, und irgendwie kann sein bester Kumpel Peter ihm dabei auch nicht helfen. Leider.

Heute Morgen ist es ziemlich kühl, und ein kalter Wind fegt um die »Bärenhöhle«. Alle Eltern öffnen die Haustür einen Spalt und schlüpfen schnell mit ihren Kindern hinein. Zwischen acht und neun Uhr geschieht das genau zehnmal. Und wieder saust ein eiskalter Luftzug durch den Kita-Flur, doch diesmal bleibt er. Zwei Mütter ziehen gerade ihren Kindern Jacken, Mützen und Handschuhe aus und Pantöffelchen an. Eine der beiden blickt hoch und sieht Peter unschlüssig wartend zwischen Tür und Angel. Oscar steht draußen und macht ein mürrisches Gesicht.

»Könntet ihr bitte die Tür zumachen?«

Sie bekommen keine Antwort. Auch ich bin mittlerweile fröstelnd aus dem Gruppenraum gekommen und schaue ebenfalls Richtung Eingangstür. Peter blickt seinen kleinen Freund erwartungsvoll an, doch der reagiert nicht. »Hallo? Könntet ihr euch bitte mal entscheiden, ob ihr reinkommt oder draußen bleibt? Es ist verdammt kalt!« Jetzt friert auch die zweite Mutter. Ist Peter festgefroren? Er gibt immernoch keine Antwort, sondern schaut weiterhin Oscar an, der möglicherweise auch festgefroren ist. Dann bricht er endlich sein Schweigen: »Oscar kann sich wohl noch nicht so richtig entscheiden, was er möchte.« Mittlerweile ist die Temperatur in der Kita ordentlich gefallen und das liegt nicht nur am Wetter.

»Raus oder rein. Uns ist kalt!« Das war wieder Mutter Nummer Eins. Der Ton ist nun nicht mehr so freundlich wie am Anfang. Peter wendet sich erneut dem zweieinhalbjährigen Entscheider zu. »Oscar, möchtest du jetzt reinkommen oder draußen bleiben?« Statt einer Antwort strömt kalte Polarluft hinein und nun beschließe ich, dem Schauspiel ein Ende zu bereiten:»So, dann mache ich jetzt die Tür zu. Peter, möchtest du raus oder rein?« Ich halte die Klinke in der Hand und schaue Oscars Erziehungsberechtigten freundlich an.»Du wirst dich doch bestimmt entscheiden können?« Das kann er. Papa geht raus in die Kälte zu seinem kleinen Freund. Und drinnen wird es wieder warm.

Nach einiger Zeit (sie haben das »Raus oder Rein«-Problem laut Peter »ausdiskutiert«) betreten die beiden endlich unsere Kita »Bärenhöhle«, und bringen das nächste Problem gleich mit. Oscars eiskalte Fingerchen umklammern ein Playmobilpferd samt Reiter. Da Oscars Papa sämtliche Kita-Termine (eigentlich) aus dem Eff Eff beherrscht, weiß er natürlich auch, dass Donnerstag Spielzeugtag ist. Es ist aber nicht Donnerstag, es ist Montag. Und mir ist jetzt klar, wo das Problem liegt und dass ich es werde lösen müssen. Oscar will sein aktuelles Lieblingsspielzeug mitbringen und ich kann mir bildlich vorstellen, wie sein väterlicher Freund versucht hat, es ihm ganz behutsam auszureden. Und so hat der Zweieinhalbjährige beschlossen, vor der Tür stehen zu bleiben. Was mochte Peter ihm versprochen haben? Ja, so läuft das! Nicht die Eltern sprechen Drohungen aus:»Wenn du jetzt nicht kommst, dann darfst du heute Abend nicht die Sesamstraße gucken!« Die Erpressung läuft andersherum:»Was kriege ich, wenn ich mitkomme?« Das ist gängige Praxis, Peter und Oscar sind kein Einzelfall. Irgendeinen Deal werden die beiden ausgehandelt haben. Immerhin sind sie schon so weit, dass Schuhe und Jacke ausgezogen werden, das Spielzeug hat Oscar aber immer noch nicht hergegeben. Nun betreten sie den Gruppenraum und ich sage freundlich:»Guten Morgen.« Und nach einer kurzen Pause:»Oscar, wir haben heute keinen Spielzeugtag.« Da stehen sie nun, die ziemlich besten Freunde, und sind ziemlich ratlos. Oscar schaut Papa an und Papa schaut Oscar an. Dann schaut Peter mich an, aber ich lächle vorerst nur und warte ab. »Oscar, heute ist kein Spielzeugtag«, wiederholt Peter ausnehmend freundlich, und Oscar packt das kleine Pferdchen noch ein bisschen fester, die Gesichtsfarbe wird noch etwas röter. Doch unser Geschichtsstudent hat Glück, denn ich muss ja irgendwann mal arbeiten und so nehme ich Oscar an die Hand und sage: »Komm mit, wir legen das Pferd in dein Fach.« Und siehe da, er kommt einfach mit und trippelt brav zu seinem Fach.

Peter staunt. Ungefähr so mussten die Menschen geschaut haben, als Jesus übers Wasser gegangen ist. Oscar steht vor seinem Fach, das er aber alleine nicht erreichen kann. Nun will der Papa gerne wieder mitspielen bei unserem lustigen Erziehungsspiel, aber so einfach geht das natürlich nicht. Er hält seinem kleinen Freund die Hand hin: »Soll Papa das für dich ins Fach legen?« Eigentlich eine blöde Frage, alleine kann Oscar das ja nicht. »Nein! Conny.« Klare Ansage. Er reicht mir das Pferdchen und ich lege es in Oscars Fach.

So weit Conny B. aus Berlin.

Für Oscars Vater ist das glimpflich ausgegangen, nicht auszudenken, wenn er sich mit seinem kleinen Freund hätte streiten müssen.

Doch Conny B. wird uns im Laufe der Woche noch mehr Anekdoten von den beiden Jungs erzählen.

Ich möchte Oscars Vater explizit entschuldigen; es ist ja auch nicht zumutbar, sich derlei zu merken. Gerade der »Spielzeugtag« oder »Mitbringtag« scheint bei den meisten Eltern einfach nicht haften bleiben zu wollen.

So stehen jeden Tag Hunderte, ach was, wahrscheinlich Tausende Eltern in deutschen Kitas und Kindergärten und haben vergessen, dass ja gar kein Spielzeugtag ist! Ja so was! Und da ist es gut, dass das Personal die Kinder darauf aufmerksam macht und ihnen die geliebten Püppchen, Autos und Bilderbücher aus den verschwitzten Händchen nimmt.

Hundstage

Das bringt uns sogleich zum nächsten Tatsachenbericht. Klar ist: Kinder bringen gerne mal was mit in den Kindergarten. Ganz egal, um was es sich im Einzelnen handelt. Und Eltern können doch so schwer Nein sagen! Es gibt Kinder, die bringen jeden Morgen Süßigkeiten mit. Ups, das dürfen sie ja gar nicht! Hat die Mama glatt vergessen. Auf die Bitte des Fachpersonals, doch in Zukunft die Dinge zu Hause zu lassen, lautet die stereotype Antwort: »Aber sie/er möchte das gerne!«

Der nächste Tatsachenbericht kommt von Erzieherin Birte N. aus Köln und handelt ebenfalls von elterlichen Gedächtnisstörungen. (Diesmal geht es allerdings um ein Haustier, was man natürlich nicht mit Spielsachen oder Gummibärchen vergleichen darf!)

Bosse strahlte über das ganze Gesicht. Eines Montags stand er ganz aufgeregt an der Schwelle zum Gruppenraum, auf seinem Arm lag ein wuscheliges Etwas. »Guck mal, ich hab einen Hund! Ich habe einen Hund bekommen!« Bosse gehörte zu unserer Vorschulgruppe, in einigen Monaten würde der Sechsjährige endlich zur Schule gehen dürfen. Nun hatte er, wie Mama uns mitteilte, zwecks »Verantwortung übernehmen« ein Haustier bekommen. Alle Kinder kamen natürlich angelaufen und wollten das süße Hundebaby bewundern und vor allem streicheln. Bosses Mama ließ ihren Sohn gewähren, schließlich war er sehr stolz auf seinen Hund namens *Jimmy*.

Nach einiger Zeit jedoch baten wir Bosses Mama, das Tier wieder an sich zu nehmen; die Kinder wurden immer wilder und wir wollten dem armen Welpen nicht zu viel zumuten. Da Bosse sich nicht trennen wollte und die Begeisterung aller Kinder so groß war, machten wir einen Vorschlag. Wir würden das Hundebaby im Morgenkreis vorstellen und das Thema etwas ausführlicher behandeln. Bosses Mama erklärte sich bereit, gleich am nächsten Tag mit *Jimmy* eine Stunde länger in der Kita zu bleiben. Am darauffolgenden Morgen wurde das Hundekind ausgiebig begutachtet, gestreichelt, die Kinder durften es auf den Arm nehmen und wir sprachen mit der Gruppe über den richtigen Umgang, die Pflege und Erziehung. So weit, so gut.

Am nächsten Morgen betrat Bosse unsere Einrichtung und er hatte schon wieder *Jimmy* im Arm. Alle Kinder kamen angelaufen und es herrschte die gleiche Hundeeuphorie wie an den beiden Tagen zuvor. Meine Kollegin und ich mussten irgendwann einschreiten, Bosse den Hund wegnehmen, ihn seiner Mutter in den Arm drücken, damit unser Kita-Tag endlich beginnen konnte. Dabei betonte ich, dass sich das Hundespektakel bitte nicht jeden Tag wiederholen sollte. Offensichtlich hatte ich mich nicht deutlich genug ausgedrückt. Auch am nächsten Morgen wurde Bosse von *Jimmy* begleitet, und den darauffolgenden auch …

Und jedes Mal die gleiche Aufregung, denn Bosse spazierte mit dem Welpen auf den Arm in den Gruppenraum und genoss den Trubel und die Aufmerksamkeit. Ich hingegen nahm mir – natürlich freundlich – seine Mama zur Brust. Diesmal machte ich ihr unmissverständlich klar, dass sie den Hund bitte zu Hause oder im Auto lassen sollte. »Aber Bosse kann sich morgens so schwer von dem Hund trennen!«, jammerte sie. Und da sie das Problem nicht lösen wollte oder konnte, brachte sie es jeden Morgen einfach mit – damit ich es erledigte. Zum Glück wurde der Junge auch hin und wieder von seinem Vater gebracht, dann war *Jimmy* nicht dabei. Ansonsten kam er freudestrahlend mit seinem Hündchen zur Tür herein – die Mutter zuckte nur hilflos mit den Achseln, wenn ich sie fragend ansah.

Ohrenschmaus

Eltern hören eben manchmal schlecht. Da kann man nichts machen. Das bringt uns sogleich zur nächsten Geschichte! Von Geli B. aus Berlin. Die Erzieherin setzte beim Erzählen mehrmals an, sie wusste nicht, wie sie beginnen sollte. Mit der Mutter, dem Vater oder dem Sohn? Sie entschied sich am Ende für folgende Variante:

Lucas Eltern waren total hip, immer gestylt und megacool. Dabei waren sie gar nicht mehr so ganz jung. Coco war Mitte dreißig und hieß eigentlich Cordula (das hatte ich im Anmeldeformular entdeckt!), ihr Lebensgefährte Magnus Anfang vierzig. Magnus trug ständig diese überdimensional großen Kopfhörer, was mich irritierte, denn ich wusste ja nie, ob die Dinger an- oder ausgeschaltet waren, wenn ich mit ihm sprach. Trug er keine Kopfhörer, sah es mitunter so aus, als führte er Selbstgespräche. Er lief dann kurz vor Kita-Schluss vor unserem Eingang auf und ab und palaverte laut. Aber er telefonierte nur.

Irgendetwas hatte er also immer im Ohr oder auf den Ohren. Auch Coco trug oft und gerne Kopfhörer. Sie liebte Hörspiele. Eines Tages nun stand der fünfjährige Luca im Flur des Kindergartens und auf seinem Kopf saßen riesengroße chromfarbene Hörer.»Ich hab jetzt auch einen iPod!«rief er mir zu, und zeigte auf ein kleines schwarzes Ding in seiner Hand.»Toll«, erwiderte ich ehrlich.»Und was hörst du da gerade?«–»Justin Bieber!«Die Antwort kam wie aus der Pistole geschossen, doch bevor Luca mit Justin Bieber in unseren Gruppenraum spazierte, hielt ich ihn zurück. Denn die Kopfhörer und das iPod mussten natürlich draußen bleiben.»Hab ich dir ja gesagt«, murmelte Magnus leise. Ich musste insgeheim lachen. Ob Magnus seinem Sohn etwas sagte oder nicht, spielte keine Rolle. Luca machte grundsätzlich, was er für richtig hielt. Nur an mir scheiterte er dann regelmäßig. Aber das war er ja gewohnt …

Natürlich stand Luca von nun an regelmäßig mit Justin Bieber oder einem anderen Popstar in der Tür. Ich regelte die unschöne Angelegenheit dann kurz und schmerzlos, damit Papa keine Unannehmlichkeiten hatte.

Eifersucht ist eine Leidenschaft …

Das ist sehr nett und vor allem hilfreich. Denn Eltern und Kinder sind die besten Freunde. Und beste Freunde halten immer zusammen. Streng sind Eltern nur bei den Erziehern ihrer Kinder.

Dazu die dramatische Geschichte von Kinderpflegerin Birgit K. In der Kindertagesstätte «Pusteblume» gibt es Ärger mit Frau Dr. Klenke. Doch bevor die Kinderpflegerin selbst zu Wort kommt, möchte ich die Ereignisse der letzten Wochen zusammenfassen:

Die 45-jährige Birgit K. arbeitet seit über zehn Jahren als Kinderpflegerin in der Pusteblume. Vor ein paar Jahren wurde die Altersgruppe erweitert, seitdem betreuen sie in der Pusteblume auch Babys ab sechs Monaten. Birgit ist eine weiche Frau, der Inbegriff von Mütterlichkeit; sie ist liebevoll, sanft, ruhig und sie kümmert sich ganz sicher rührend um ihre Kleinsten. Zu ihrer Arbeit gehören das Füttern, Wickeln, Schlafenlegen und natürlich Kuscheln. Paul besucht seit zwei Monaten die Einrichtung und nach einer ausreichenden Eingewöhnungszeit hat sich der mittlerweile acht Monate alte Junge prima eingelebt. Er kommt morgens um halb neun und wird um kurz vor 17 Uhr abgeholt.

Pauls Mama arbeitet als Analystin bei einer Investmentbank, sie hat sich während des Abnabelungsprozesses deutlich schwerer getan als ihr kleiner Sohn. Aber sie beteuert immer wieder, wie froh sie sei, dass es Paul in der Pusteblume so gut geht. Das liegt ganz sicher auch an Birgit K.

Für ihn ist die Kinderpflegerin eine wichtige Bezugsperson; die Leiterin der Einrichtung, Frau W., achtet laut Birgit darauf, dass gerade die Jüngsten möglichst wenig mit wechselndem Personal konfrontiert werden.

Letzte Woche nun, so berichtete Birgit ausführlich, stürmte Pauls Mama in die Kita. Das hat nichts zu bedeuten, sie stürmt wohl immer. Frau Dr. Klenke ist meistens in Eile, dieses Tempo scheint ein Dauerzustand zu sein. Sie traf Birgit im leicht abgedunkelten »Kuschelraum« an, wo sie mit Paul auf dem Arm in einem großen Berg Kissen lag und leise ein Lied summte. Paul hatte seinen Blick auf das schwingende Sternenmobile über ihm gerichtet. Er träumte. Frau Klenke stürmte also auf die beiden zu, rief laut »Da ist ja mein kleiner Schatz!« und ließ sich auf die Knie mitten in die Kissen fallen. Und was machte Paul? Er schrie. Mutter Klenke nahm Birgit prompt das schreiende Kind aus dem Arm und lamentierte:»Ja, was ist denn los? Ist doch alles gut, Paulchen, die Mama ist doch jetzt da!«Dazu Birgits (leicht sarkastischer) Kommentar:»Was für ein undankbares Kind, er könnte ja einfach mal Guten Tag sagen oder sich wenigstens enthusiastisch freuen, dass seine viel beschäftigte Mami endlich da ist. Hat er aber nicht gemacht!« Sie küsste, knuddelte und kitzelte das Paulchen, aber der war nicht zu beruhigen. Schlimmer noch: Er streckte die Ärmchen nach Birgit aus! Er wollte offensichtlich weg von dieser lauten Frau, die ihn so unsanft aus dem Traum gerissen hatte. Frau Dr. Klenke stopfte ihren sich nur langsam beruhigenden Sohn nun schroff in sein Jäckchen und verließ eilig die Kita. Die Kinderpflegerin:»Ein typisches Problem. Eifersucht ist eine Leidenschaft, die mit Eifer sucht, was Leiden schafft. So fängt es immer an.«

Und so ging es weiter:

Nur einen Tag später stand Birgit mit Paulchen auf dem Arm am Fenster, als Mutter Klenke den Gruppenraum betrat. Birgit lief ihr entgegen und sagte fröhlich:»Schau mal, Paul, da ist deine Mama!« Frau Dr. Klenke verzog das Gesicht und erwiderte etwas spitz:»Na, das weiß er wohl, dass ich seine Mutter bin.« Sie streckte die Arme aus, doch ihr Sohn wendete sich ab und klammerte sich an seiner Kinderpflegerin fest. Der Super-GAU! Birgit:»Ich wusste, dass ich die Situation entschärfen musste. Also lächelte ich, hob den Kleinen in die Luft und sagte: ›Guck mal, wer da ist, Paul!‹«

Doch für solche lächerlichen Spielchen hatte Frau Dr. Klenke keine Zeit. Sie riss Birgit das Kind aus den Händen:»So, und wir müssen jetzt nach Hause. Der Papi wartet bestimmt schon!«

Paul schaute etwas irritiert und wendete sich sogleich Birgit zu, doch Mama zeigte keine Gnade und stürmte raus in den Flur. Der SUV stand wie immer ganz schlecht in zweiter Reihe …

Birgit und die Leiterin hielten einen Kriegsrat ab und beschlossen, Paul in den nächsten Tagen kurz vor der Abholung auf eine Spieldecke zu legen, damit die Übergabe nicht direkt von der Kinderpflegerin auf die Mutter erfolgte. Das klappte zweimal, aber beim dritten Mal beschwerte sich Frau Klenke, dass ihr Sohn immer alleine »auf dem Boden rumlag.« Nun setzte sich Birgit mit einem angemessenen Abstand dazu, aber Paul fing an zu weinen, sobald seine Mutter ihn aufnahm und von seiner Kinderpflegerin wegtrug. Die Enttäuschung auf allen Seiten wurde immer schlimmer. »Frau Dr. Klenke betrat nun die Kita wahrscheinlich schon in Erwartung des täglichen Super-GAUs«, orakelte Birgit. So war es wohl auch. Leider schüttete sie nicht ihr trauriges Mutterherz aus, und suchte nach einer guten Lösung für alle Beteiligten; stattdessen wurde sie immer aggressiver. Sie hatte einen Schuldigen gefunden.

Birgit K.: An einem Nachmittag hörte ich plötzlich das Stakkato ihrer Hochhackigen im Flur und schaute erstaunt auf die Uhr. Es war erst halb fünf. Ich hatte Paul gerade zum Wickeltisch gebracht, die Windel war voll. »Hallo, Frau Dr. Klenke, Sie sind aber früh heute!«, rief ich freundlich und begann Pauls Hose aufzuknöpfen. »Wir wollten eben noch schnell eine frische Windel anziehen.« Doch Mutter Klenke kam an den Wickeltisch und drängte mich dabei ein wenig zur Seite. »Hallo mein Schatz!« Mich beachtete sie nicht.

Dann machte sie seine Latzhose wieder zu. »Das erledigt die Mami zu Hause, nicht wahr?«, sagte sie, nahm Paul auf den Arm und stöckelte hinaus in den Flur. Aber ich lief hinterher und bettelte förmlich: »Frau Dr. Klenke, die Windel ist voll. Wollen Sie Paul nicht vielleicht doch noch hier eine frische anziehen? Er hat doch so einen empfindlichen Po!« Ich wusste nur zu gut, wie schnell der Junge wund wird. Doch sie antwortete nicht, sondern zog ihren Sohn in Windeseile an und stürmte raus. »So, Paule, und jetzt los!« Noch nicht einmal verabschieden durfte er sich von mir. Ich blieb ziemlich ratlos zurück. Leider war unsere Leiterin Frau W. an diesem Tag schon vorzeitig gegangen, ich hätte gerne mit ihr gesprochen. Doch das dicke Ende kam ja noch.

Am nächsten Morgen bat mich unsere Leiterin Frau W. in ihr Büro. Es ging um den kleinen Paul, und meine Chefin kam gleich zur Sache: »Frau Dr. Klenke hat angerufen. Sie musste heute Morgen mit Paul zum Kinderarzt. Der Po wäre ganz wund. Und das läge daran, dass du ihr das Kind gestern mit einer vollen Windel mitgegeben hättest.« Ich war vollkommen perplex. Das war ja wohl der Hammer! Frau W. schaute mich zwar skeptisch an, aber ich wusste, sie glaubte der Klenke kein Wort. Also erzählte ich meine Version. »Ich weiß, dass du die Wahrheit sagst. Aber trotzdem steht hier leider Aussage gegen Aussage. Du musst dich bei ihr entschuldigen. Sag, es handelte sich offensichtlich um ein Missverständnis. Ich habe wirklich keine Lust auf Ärger.« Somit war ja alles gesagt. Da hat so eine Kinderpflegerin wie ich doch keine Chance.

Damit hat Birgit K. wohl recht. Und ich muss an dieser Stelle sagen: Alle Achtung, Frau Dr. Klenke! Wenn auch das Kind mit schmutzigem Po nach Hause muss, so eine Investmentbankerin ist mit allen Wassern gewaschen.

Kaffeetanten

Schenken wir nun Kornelia D. unsere volle Aufmerksamkeit. Die Berlinerin arbeitet als Erzieherin in der Ergänzenden Betreuung (früher: Hort) einer Grundschule.

Auch sie weiß aus eigener Erfahrung, wie es ist, wenn Mütter sich um die optimale Betreuung ihres Nachwuchses sorgen:

Am letzten Schultag vor den Winter- und Sommerferien endet der Unterricht nach der dritten Stunde. Die Eltern dürfen ihre Kinder dann abholen, aber natürlich können die Kinder bzw. ihre Eltern die Ergänzende Betreuung wie immer bis 18 Uhr in Anspruch nehmen. Bei der folgenden Geschichte hatte die Schulleitung ungefähr zehn Tage vor den Ferien die Eltern über diese Regelung informiert. Kurz darauf platzte die völlig aufgelöste Mutter eines Erstklässlers, Frau Bollmann, in unsere Einrichtung. Ich kannte sie nicht, denn ihr Sohn war nicht in meiner Klasse, und ich somit nicht seine Bezugserzieherin. Mein Kollege und ich machten gerade die Übergabe. Unsere Schicht endete, es war 16 Uhr. »Wieso erfahren wir so spät von dieser Regelung?«, ging sie gleich in die Vollen, weswegen ihr zum »Guten Tag« dann natürlich die nötige Energie fehlte. Dennoch versuchte ich es auf die freundliche Art, denn sie war ja »frisch« und kannte sich mit den Schulangelegenheiten noch nicht so aus. »Das ist eine gängige Praxis. Wenn es Zeugnisse gibt, haben die Schüler nach der dritten Stunde schulfrei.« Damit war Mutter Bollmann aber nicht zufrieden. Sie schnaubte: »Wer hat das bestimmt?« – »Das ist eine gesetzliche Bestimmung«, antwortete ich immer noch liebenswürdig und beeilte mich mit der Übergabe, denn ich wollte Feierabend haben. Da hatte ich die Rechnung aber ohne Frau

Bollmann gemacht.»Und was passiert dann mit den übrig gebliebenen Kindern?!« Panik schwang in ihrer Stimme mit. Jetzt verstand ich so langsam. Sie hatte Sorge, dass hier alle nach der dritten Stunde abhauten und wir die Kinder, die nicht abgeholt würden, einfach alleine ließen. Also beschwichtigte ich sie erneut.»Keine Sorge, die Ergänzende Betreuung ist wie immer bis 18 Uhr geöffnet.« Nun war aber Schluss, ich wollte gehen. Doch keine Chance!»Und was machen Sie dann mit den Kindern?« Ich verstand schon wieder nicht, doch Frau Bollmann half mir auf die Sprünge:»Was haben Sie denn für diesen Tag geplant? Sie könnten doch einen Ausflug machen!« Prima Idee, aber nicht umzusetzen, denn es werden Kinder um 12, 13, 15 Uhr oder eben auch später abgeholt. Nun wurde Frau Bollmann grundsätzlich:»Das ist doch die reinste Aufbewahrung hier! Ihr macht nichts mit den Kindern, ich seh' euch immer nur Kaffee trinken!« Jetzt hatte ich echt genug. Ich wollte nach Hause und das sagte ich auch. Daraufhin bescheinigte Frau Bollmann uns, kollektiv unkommunikativ zu sein und machte sich auf den Weg zu meiner Chefin Frau T. – denn ich ließ sie einfach stehen. Später bekam ich einen Anruf von Frau T., die mir berichtete, dass Frau Bollmann den Weg von unserer Einrichtung bis zur S-Bahn neben ihr her gelaufen war.»Sie hat die ganze Zeit auf mich eingeredet, ihr armer Sohn stolperte nebenher und bettelte:»Bitte Mama, hör jetzt auf!«

Es geht doch nichts über ein vernünftiges Gespräch! Nur so lassen sich Missverständnisse und Unklarheiten beseitigen.

Passend zu diesem Thema möchte ich die Geschichte von Polly und ihrer Mutter erzählen. Dazu angeregt hat mich ein Beitrag aus dem Erzieherforum *www.Forum-fuer-Erzieher.de*. Auch hier habe ich natürlich sämtliche Namen geändert.

Sonderwünsche & Extrawürste

Die Kinderkrippe «Wollmäuse» versteckt sich in einem dritten Hinterhof vor der Welt, ein kleines grünes Paradies irgendwo in Deutschland. Hier verbringen freundliche Erzieherinnen mit ihren Schützlingen den Tag. Fünfzehn Wollmäuse, zwischen sechs Monate und fünf Jahre alt, tummeln sich dort. Vor ein paar Monaten ist die zweijährige Polly hinzugekommen. Pollys Mutter hatte eines Tages total aufgelöst vor der Tür gestanden, als alleinerziehende und berufstätige Mutter war sie dringend auf eine Ganztagsbetreuung angewiesen, sie brauchte sofort einen neuen Platz. In Pollys alter Krippe war etwas Schreckliches vorgefallen. Polly hatte sich den Kopf gestoßen – und keiner hatte etwas bemerkt! Die Kleine musste damals ganz alleine zu ihrer Kinderpflegerin gehen und von dem ungeheueren Vorfall berichten. Gesehen hatte niemand etwas! An ihrem Kopf übrigens auch nicht. Diese massive Form der Aufsichtspflichtverletzung veranlasste Pollys Mama Madita S. dazu, unverzüglich den Platz zu kündigen, und so wurde sie im dritten Hinterhof vorstellig. Sie hatte Glück und bekam den Platz – seitdem ist bei den Wollmäusen nichts mehr, wie es einmal war.

In den ersten Tagen und Wochen war Madita natürlich zwecks Eingewöhnung stundenweise in der Krippe. So konnte sie nicht nur ihre Polly langsam an das neue Paradies und die großen und kleinen Menschen gewöhnen, sie bekam auch einen Einblick in die Arbeit der Erzieherinnen. Die ersten Ratschläge an Mariele P., die Pollys Gruppe auch leitet, ließen nicht lange auf sich warten. Eigentlich machten sie und ihre Kollegen nichts richtig. Aber lassen wir Mariele P. berichten:

34

Madita unterstützte uns mal wieder, wo sie nur konnte! Diesmal hatte sie ein großes Problem beim kleinen Roman erkannt. Der hüpfte gerade gut gelaunt durch den Gruppenraum und sang aus vollem Halse. Das gefiel Madita gar nicht: »Ich glaube, der Roman braucht dringend eine Integrationshilfe.* Er ist viel zu wild. Du bist nicht konsequent genug mit ihm!« Roman war ein quirliger Zweijähriger, von psychischen Problemen jedoch weit entfernt. Sein Temperament kam übrigens dem von Polly am nächsten. Doch davon wollte Madita natürlich nichts hören. »Irgendwann passiert hier noch was! Wenn er nicht hört, musst du ihn nach draußen stellen!« Man könnte bei soviel Sachverstand annehmen, Madita sei pädagogisch geschult, möglicherweise sogar studiert, aber weit gefehlt, sie war Schneiderin in einem Mode-Atelier. Dennoch zeigte ich mich verständnisvoll angesichts der mütterlichen Angst, außerdem ist der Kunde ja bekanntlich König. Aber ich sollte einen harmlosen Zweijährigen einfach vor die Tür stellen? Sicher nicht. Doch abgesehen von pädagogischen Belehrungen hatte Madita noch ein besonderes Anliegen:

»Ich möchte nicht mehr, dass Polly hier einen Mittagschlaf macht. Sonst ist sie die halbe Nacht wach. Ich brauche meinen Schlaf!« Selbstverständlich, da muss eine Zweijährige schon mal Rücksicht drauf nehmen. »Das wird sicher nicht ganz leicht sein«, versuchte ich einzulenken, »Polly ist nach dem Vormittag müde, ihr werden einfach die Augen zufallen.«

»Dann müsst ihr sie wach halten und beschäftigen!«, sprach das tapfere Schneiderlein und rauschte von dannen.

* Integrationshelfer unterstützen Kinder mit psychischen Störungen o. Ä.

35

So weit Mariele P. aus dem Erzieher-Forum, sie wird uns in Sachen Polly und Madita S. auf dem Laufenden halten.

Foren, in denen sich Lehrer, Erzieher und Sozialpädagogen – pardon – auskotzen, über Eltern kübeln und sich Ratschläge holen, gibt es viele. Nahezu jede Erzieherin, mit der ich gesprochen habe, war schon einmal zu Gast in einem entsprechenden Chatroom. Die Erzieherin und Gruppenleiterin Chrissi H. schüttet hier ebenfalls regelmäßig ihr Herz aus. Sie arbeitet in einer Kita irgendwo in Süddeutschland:

Ordnung muss sein!

Wir haben sehr nette, hilfsbereite Eltern in unserer Kita, und nicht alle sind wie Frau Berger-Moll. Doch die Frau macht uns wahnsinnig!

Frau Berger-Moll ist die Mama des vierjährigen Benjamin, sie ist selbständige Rechtsanwältin, scheint allerdings sehr viel Zeit zu haben – oder zu wenige Mandanten, wie man's nimmt. Eines Morgens, Benjamin und seine Mutter waren wie immer etwas zu spät, war das Treiben im Gruppenraum bereits in vollem Gange. Ich hatte Frau Berger-Moll schon mehrfach auf die Verspätungen angesprochen, aber sie zuckte immer nur mit den Achseln, verdrehte die Augen und erklärte:»Das müssen sie ihm sagen. Benjamin trödelt immer so.« Ihr Sohnemann mischte sich unters spielende Volk und Frau Berger-Moll spazierte langsam durch den Gruppenraum. Sie schaute in alle Ecken, warf einen Blick in die Nebenräume und inspizierte die Schränke und Regale. Es ist nicht ungewöhnlich, dass Eltern sich etwas genauer umschauen, aber sie erinnerte uns an einen schlecht gelaunten Unteroffizier, dem die Stube der Rekruten ganz und gar nicht gefiel.

Meine Kollegin und ich fühlten uns nun nicht mehr wohl in unserer Haut. Bei den Eltern muss man nämlich ständig auf alles gefasst sein … Plötzlich zog Frau Berger-Moll ihren Mantel aus, krempelte die Ärmel hoch und fing an, den Raum aufzuräumen.»Kinder, Kinder, wie sieht das denn hier aus!«

Wir schauten etwas verdutzt, und ich versuchte vorsichtig zu intervenieren (Oberstes Gebot: Niemals die Eltern verärgern!): »Das ist vollkommen normal, das räumen wir später auf.« Aber Bennys Mama war nicht zu bremsen. Nachdem sie die herumliegenden Spielsachen einsortiert hatte, nahm sie sich die Schränke und Regale vor.»Hier muss man aber auch mal Ordnung reinbringen!« Und so verpasste Frau Berger-Moll unserer Kindertagesstätte ein neues Ordnungssystem.

»Die Puzzlespiele packen wir alle da rüber.« Mittlerweile protestierten sogar einige Kinder.»Die gehören da aber nicht hin!« Ich wollte dem Spuk ein Ende bereiten und nahm sie freundlich beiseite:»Frau Berger-Moll, das ist wirklich sehr nett, aber wir haben hier unsere eigene Ordnung.« Da musste Frau Rechtsanwältin aber mal laut lachen.»Ordnung? Das ist das reinste Chaos!« Schnell packte sie noch ein paar Bauklötze in die dafür vorgesehene Kiste, dann verließ sie unsere Einrichtung. Zufrieden war sie nicht, das konnte man ihr ansehen.

Ich finde Frau Berger-Moll klasse! Sie ist sich nicht zu schade, auch mal niedere Dienste zu verrichten. Wir dürfen uns freuen, denn Chrissi H. hat noch mehr Geschichten von Frau Berger-Moll auf Lager.

Schöner Wohnen

Frau Berger-Moll ist kein Einzelfall. Gerne dekorieren Eltern eigenhändig die Räume um oder »machen mal Ordnung.« Eine Lehramtsreferendarin schilderte mir das Erlebnis ihrer Kollegin: Da wollte eine Mutter das Klassenzimmer Feng-Shui-gerecht umgestalten. Und in einem Kölner Kindergarten schickte eine Mutter ihre Putzfrau vorbei, damit die dort mal anständig sauber macht. Die Kosten hat sie selbstverständlich übernommen.

In einem anderen Fall gab es allerdings Ärger: Silvana B. aus Dortmund arbeitet in einem kleinen privaten Kindergarten, eine Elterninitiative. Als die Reinigungskraft eines Tages wegen Krankheit ausfiel, hatte sie spontan folgende Idee:

Ich nahm unsere »Großen« beiseite, erklärte ihnen, dass Frau M. krank sei und fragte, ob sie Lust hätten, unseren Gruppenraum sauber zu machen. Alle stimmten begeistert zu. Wir machten uns einen kleinen Putzplan, wer für was zuständig sei, und legten los. Am Ende waren die Kinder erstaunt, wie schnell man mit vereinten Kräften ein ganzes Zimmer blitzblank putzen kann. Als die Eltern nach und nach eintrafen, um ihre Kinder abzuholen, erzählten diese ihnen natürlich stolz von unserer Aktion. Mir verging das Lachen ziemlich schnell. Was ich mir denn dabei gedacht hätte! Ihre Kinder müssten doch nicht putzen! Wertvolle Zeit, die ich mit pädagogischen Programmen füllen sollte, hätte ich verplempert. Und außerdem: Wofür hat man denn schließlich eine Putzfrau! Und wenn die ausfällt, ist es meine Aufgabe für Sauberkeit zu sorgen. Nach Feierabend.

Des einen Freud, des anderen Leid. In Dortmund hätte man
das Berger-Moll'sche Aufräumkommando in Ruhe schalten und
walten lassen.

Darf's ein bisschen mehr sein?

Viele Dramen spielen sich hinter verschlossenen Kita-Türen ab,
aber so manches Schauspiel wird auf offener Bühne vorgetra-
gen. Zum Beispiel im Supermarkt.

An der Wursttheke begegne ich an diesem Montagnachmit-
tag Katharina und ihrem Vater. Die knapp Dreijährige sitzt im
Einkaufswagen, Papa begutachtet die Ware mit dem Blick eines
Kenners, der ein Wagyu-Rind natürlich von einem Charolais unterscheiden kann. Sein Smartphone vibriert.»Christopher hier.«
Die Fleischereifachverkäuferin (*Hier bedient sie Frau B. Meklenborg*) hält ein paar Rinderknochen in die Höhe. Christopher
nickt ihr zu.»Du, ich steh hier gerade an der Fleischtheke, ich
ruf dich gleich zurück.«

Das Töchterchen streckt die Hand aus und Papi weiß sofort
Bescheid:»Möchtest du das Smartphone für den Papa so lange
festhalten?« Ein eingespieltes Team. Toll.

Ich schätze Christopher auf Ende dreißig, Vollbart. Jeans läs-
sig auf der Hüfte, Schiebermütze. Das Töchterchen im schicken
Wollkleid mit farblich passender Strumpfhose. Die noch etwas
dünnen Härchen werden mit einer Glitzer-Spange aus dem runden Gesicht gehalten. Verträumt bewundere ich das rosa Teil
im Fusselhaar. Bestimmt Prinzessin Lillifee. Plötzlich dringt
diese Frage an mein Ohr. Waaas?! Hatte die Fleischereifachverkäuferin tatsächlich gefragt»Möchte die Kleine vielleicht eine
Scheibe Wurst?« Hut ab, das ist mutig! In Zeiten von Intoleran-

zen aller Art. Doch Papa gibt die Frage ungerührt weiter: »Katharina, möchtest du eine Scheibe Wurst?« Sie nickt, ich atme auf, das würde hier schnell über die Bühne gehen. Keine Diskussion über Kinderernährung in Allgemeinen oder Fleischwurst im Besonderen. Die Tante Verkäuferin nickt auch und lächelt, piekt in die Fleischwurst und hält sie über die Theke. Papa nimmt sie und reicht sie weiter. Ich verfolge gebannt das Spektakel. Doch was nun? Katharina schüttelt den Kopf. Jetzt schaut Christopher aber verwundert drein. »Wie? Möchtest du doch keine Fleischwurst?« Das Töchterchen zieht ein Gesicht, als hätte man ihr frische Maden serviert und zeigt mit dem Fingerchen in die Auslagen. »Ah«, Vaters Miene hellt sich auf. »Möchtest du lieber Putensalami?« Klein Kathi nickt wieder. Na, das ging ja dann vergleichsweise schnell, frohlocke ich. Frau B. Meklenborg lächelt, vielleicht etwas sparsamer als vorher, aber immerhin. Während Papa sich die verschmähte Fleischwurst reinschiebt, wandert die Putensalami über die Theke. Mittlerweile stehen drei weitere Kunden hinter mir. Und dann das: Grober Fehler! Statt die Salami über den Vater zu spielen, will die Tante von der Wurst das Ding direkt ans Kind bringen. Keine gute Idee. Kathis Blick verfinstert sich, die Ärmchen werden verschränkt. Wozu hat man denn den Papa, der schnappt zu und hält es seiner Glitzerspangen-Prinzessin vor die Nase. »Einmal Putensalami für die junge Dame, bitte sehr!« Kopfschütteln bei Kathi. »Och, Kathi, dann sag doch, was du möchtest.« Papi ist verzweifelt – aber nur ein bisschen. »Soll Papi die Putensalami essen?« Kathi nickt wieder. Nicken ist ein wichtiges Kommunikationsmittel. »Oder sollen wir sie uns teilen?« Hinter mir rumort es jetzt. Die Wurstfrau geht zur Tagesordnung über: »Haben Sie sonst noch einen Wunsch?« Das muss Katharina falsch verstanden haben. »Ich will Gaudakäse!« Christophers Miene hellt sich wieder auf.

»Könnte sie vielleicht stattdessen eine Scheibe Gouda haben?«

»Ausnahmsweise.« Wie viel Verachtung man doch in ein einziges Wort legen kann. Frau Meklenborg stampft drei Meter nach links, piekt in eine Scheibe Gouda, als wäre es eine Voodoopuppe, stampft zurück und reicht sie über die Theke. »So, Fräulein, jetzt zufrieden?« Katharina nickt. Hurra, denke ich! Gleich bin ich endlich an der Reihe! Doch Papa schnappt sich die Scheibe und riecht daran. Irgendetwas scheint mit dem Käse nicht in Ordnung zu sein. Wir halten alle den Atem an. Absolute Stille. Christopher erlöst uns: »Das ist der mittelalte. Kathi mag aber nur den ganz jungen!« Spontan entscheide ich mich für Fisch. Nur noch von Ferne höre ich Kathi schreien. Und irgendwo schlägt ein Smartphone hart auf den kalten Boden des Supermarkts.

Was soll uns Katharinas Wurstthekenerlebnis sagen? Dass die Glitzerspangen-Prinzessin seit ihrer Ankunft auf der Erde gelernt hat, dass das Leben ein einziges Wunschkonzert ist. Und nebenbei dient diese Übung dazu, sie optimal auf unsere Konsumgesellschaft mit ihrem vielfältigen Wurst- und Käseangebot vorzubereiten.

Der Quengelzonenblues

Dieses Intermezzo an der Wursttheke ist pillepalle im Vergleich zu dem, was noch kommt. Denn am Ende wartet die Hölle: die Quengelzone. Der vielleicht gefährlichste Teil des ganzen Supermarktes! Der Kassenbereich. Seit Jahrzehnten ein nicht zu besiegender Gegner. Ganz gefährliches Terrain.

In dieser verlockenden Kassenzone mit all den bunten Süßigkeiten machen unsere lieben Kleinen die erste Bekanntschaft mit ihrem inneren Schweinehund, ein treuer Geselle, der sie ihr Leben lang begleiten wird.

Ich kenne die berüchtigte Quengelzone aus zwei Perspektiven und bin gewissermaßen wie Millionen andere auch eine echte Quengelzonenspezialistin. Als Kind wurde ich höchstpersönlich damit konfrontiert, und ich schleuste meinen Sohn mehrmals hindurch. Doch wir mutigen Helden sterben aus, denn die Tage der Quengelzonen sind wahrscheinlich gezählt! In einem Stadtteil Berlins (eigentlich unnötig zu erwähnen, dass es sich um Prenzlauer Berg handelt) hat eine junge Mutter es mittels Petition geschafft, dass in ihrem Supermarkt zwei Kassen errichtet wurden – ohne verführerische Süßigkeiten, böse Zigaretten und Alkohol in den Regalen. Ausgewiesene Familien-Kassen. Mensch, warum sind wir darauf nicht früher gekommen? Jetzt müsste ich nur noch wissen, wie ich meinen inneren Schweinehund abschaffe, vielleicht auch mittels Petition.

In meinem Supermarkt sind wir nicht so fortschrittlich. Hier wird noch ordnungsgemäß gequengelt und geschrien. Und während ich so in der Kassenschlange stehe, stelle ich mir vor, dass nun sicher eine Petitionsflut über uns hereinbricht und Dinge verboten werden, von denen wir gar nicht wussten, dass sie gefährlich sind. Die Fernseher in Kaufhäusern dürfen nur ausgewählte Programme zeigen, die das Elternkomitee der Bundesregierung ausgesucht hat. Bald gibt es in Supermärkten abgetrennte Zonen (»Zutritt nur ab 18«), wo Cola, Chips und Gummibärchen unter der Ladentheke in neutralen Verpackungen angeboten werden.

Nun sollte man als Nächstes die Logos sämtlicher McDonald's-Filialen von außen überkleben und Eisdielen mit Sperrholzplatten verrammeln. Denn führe uns nicht in Versuchung! Ach, ist nicht das ganze Leben eine einzige Quengelzone, mit Verführungen und ständigen Herausforderungen? Wenn ich ganz ehrlich bin, dann möchte ich es nicht missen, das Kindergeschrei an der Kasse. Die puterrotgesichtigen Schreihälse, deren Ärmchen immer länger werden und ins Leere grabschen. Die fast aus dem Einkaufswagen fallen, nur um an die bunten Päckchen zu gelangen. Ich werde die verzweifelten Mütter vermissen, die, genau wie ich damals, versuchen, Haltung zu bewahren, und lächelnd verkrampften Kinderfäusten Kaugummipäckchen entwinden. Eine Ära geht zu Ende. Bye, bye Quengelzone. Man wird ja wohl mal ein bisschen nostalgisch sein dürfen.

Mother's little helper

Vorerst stecke ich also noch in der guten alten Quengelzone fest. Hier geht gerade mal wieder nichts voran. An der einzigen Kasse staut es sich. Seit es diese Kassen gibt, bei denen Kassiererinnen im Affentempo die Ware über einen Scanner ziehen, kann man nur verlieren. Früher war die Partie fairer. Bis die den Preis des nächsten Teils eingetippt hatten, war das vorige bereits eingetütet.

Jetzt türmt sich die gescannte Ware vor uns, und wir versuchen unter den kritischen Blicken der anderen Kunden, halbwegs sinnvoll und möglichst schnell zu packen. Irgendwann schmeißt man das Basilikum und die Eier rein und legt zum Schluss noch den Fünf-Kilo-Beutel »vorwiegend Festkochende« drauf. Scheiß egal, Hauptsache gewinnen. Wie ich diese entspannten »Ich pack hier in aller Ruhe mein Zeug ein«-Typen hasse! Genau so einer ist jetzt an der Reihe. Die Kassiererin Frau Y. Ilmaz, ist schon seit geraumer Zeit im Ziel. Sie hat mal wieder gewonnen. Und wartet. Ich weiß, was jetzt passiert. Die Geldbörse liegt bestimmt ganz unten in der Tasche, doch das bekomme ich nicht mehr mit, denn vor meinen Füßen landet eine Packung Magenbitter. Ist das ein Zeichen? »Emma, lässt du das bitte?« Mutter bückt sich und packt den Schnaps wieder ins Regal. So kann ich einen Blick auf Emma werfen. Ach, wie süß! Ein Engelchen von vielleicht drei Jahren sitzt im Kindersitz des bis oben prall gefüllten Einkaufswagens. Oh, nein, das würde ewig dauern! Doch noch sind Mama und Emma nicht dran. Noch sind sie gefangen in der berüchtigten Quengelzone. Aber Emma quengelt nicht, sie langweilt sich nur. Ein liebes Kind. Im Prinzip. Zack, ein Karamellriegel. »Emma, lässt du es bitte?« Und da gibt Frau Y. Ilmaz auch schon den Startschuss. Mit einem freundlichen »Guten Tag« legt sie den Warentrennstab zur Seite und beginnt mit dem nächsten Rennen. Emma will gerade nach einer Flasche Weinbrand greifen, da hat Mama die rettende Idee: »Schau Emma, du kannst Mama helfen. Magst du die Watte aufs Band legen?« Emma mag. Prima. Danach reicht Mutti ihr mit der Linken einen Hefewürfel und packt mit der Rechten den Brokkoli. Emma nimmt den weichen Würfel und quetscht ihn fest in ihrem kleinen Speckhändchen zusammen, dann greift sie nach dem Gemüse. »Magst du vielleicht die Hefe aufs Band legen, Emma? Die Mama nimmt dann die anderen Sachen.« Nein, diesmal mag Emma nicht. Der Brokkoli zerfleddert beim anschließenden Kampf etwas. Sie ist auf den Geschmack gekommen, jetzt will sie die gesamte Ware aufs Band packen. Alleine, kommt aber nicht dran. Zu kurze Arme. Ein generelles Problem von Zwei- bis Dreijährigen. »Die Mama macht das schon, Emma.« Damit ist Emma überhaupt nicht einverstanden, und deshalb wird nun geschrien. Von Null auf Hundert. »Ok, du kannst die Butter drauf legen.« Emma schleudert die Butter aufs Band, Frau Ilmaz kann sie gerade noch auffangen und zieht sie mit ausdrucksloser Miene und einem gekonnten Wisch über den Scanner. Emma kreischt jetzt. Sie will das Zeug selber aus dem Korb nehmen, das hat ihre Mama wohl nicht kapiert. Vielleicht hätte man ihr doch den Weinbrand geben sollen. Nicht nur ich stehe dort und beobachte das Geschehen mit gemischten Gefühlen, es haben sich mittlerweile einige Kunden eingefunden, die schon beim langsamsten Einpacker der Woche fast ihre gute Kinderstube vergessen hätten. Nur Emmas Mama ist noch gut drauf, zumindest tut sie so. Sie hat jetzt dieses Lächeln aufgesetzt. Irgendetwas zwischen Jack Nicholson in »Shining« und Hannibal Lector. »Emmalein, schau, wir machen es zusammen. Die Mami gibt dir die Sachen an und du legst sie aufs Band.« Keine gute Idee, entscheide ich. Und Emma scheint da ganz meiner Meinung zu sein. »Nein, ich will selber!« Emmalein hängt etwas verdreht über dem Korb und versucht an die Milch zu kommen. Keine Chance. Mutter hilft. Man soll die Kinder ja in ihrem Bestreben nach Selbständigkeit unterstützen! Jetzt schreit das engelsgleiche Wesen wie am Spieß. Die blanke Wut. Frau Ilmaz sieht auch nicht mehr besonders glücklich aus, das hier gefährdet ihren persönlichen Schnellscanner-Rekord. Hinter mir hat sich erstaunlicherweise noch kein wütender Mob gebildet, im Gegenteil, die Menschen amüsieren sich sogar ein wenig. Schadenfreude ist eine feine Sache … Zurück zum gemeinsamen Mutter-Tochter-Einkaufserlebnis: Da bahnt sich eine Lösung an. Wem sie nützt, ist noch nicht so ganz klar, aber alles ist besser als eine wütende Emma. Immer noch tapfer lächelnd, hebt Mutter ihre kleine Tochter aus dem Kindersitz des Einkaufswagens. Aber wohin mit der strampelnden Fracht? Etwa mitten in die Lebensmittel, damit sie von dort in Ruhe das Förderband beladen kann? Nein, schwungvoll wird

Emma auf die mütterliche Hüfte gesetzt, von wo aus sie sogleich kopfüber Richtung Wagen fällt. Reflexartig mache ich einen kleinen Schritt nach vorne, hinter mir höre ich leise Ohs und Ahs, aber keine Sorge, Mutter hat Emma fest im Griff! Und jetzt kann es hier tatsächlich weitergehen.

Das sieht nach einem amtlichen Hexenschuss aus, wohl eine Art Kollateralschaden im täglichen Erziehungskampf. Nun fischt Emmalein, gehalten von ihrer Mama, die Teile heraus und legt sie aufs Band. Jedes einzelne Teil. Stück für Stück. Jetzt sehen beide sogar richtig glücklich aus. Die Kassiererin Y. Ilmaz stirbt vor Langeweile. Ich nenne es: Entschleunigung im Alltag. Vielleicht sollen wir Klein Emma einfach alle dankbar sein. Ein wütendes Knurren holt mich in die Realität zurück, denn ein Fünf-Kilo-Waschmittelpaket ist für Dreijährige ja dann doch eine Herausforderung. Aber so viel Zeit muss sein ...

Gut, dem einen oder anderen hinter mir taut so langsam die Tiefkühlkost, aber was ist das schon gegen diese wichtige kindliche Erfahrung, an der wir alle teilhaben dürfen? Emma platziert gerade das letzte Teil, eine Packung Reisplätzchen, da fällt mein Blick auf diesen riesigen Haufen Zeug, Päckchen, Tuben, Flaschen und Dosen, und mir wird schlagartig klar, dass das ja alles noch eingepackt werden muss. Und da höre ich auch schon den verhängnisvollen Satz: »So, meine Süße, jetzt müssen wir aber unsere Einkäufe erst noch in die Taschen räumen.« Wieso wir? Könnte Emma doch alleine machen. Aber die hat jetzt keine Lust mehr, die will so schnell wie möglich runter von Mamas Hüfte und zum Bäcker. »Ich möchte Kuchen!« Ja, so eine Packerei macht hungrig. In Windeseile schmeiße ich meine Einkäufe aufs Band, von denen jetzt schon klar ist, dass sie nach dem Scannen mit denen von Emmas Mutter kollidieren. Die Geduld der Dame hinter der Kasse ist vollständig ausgereizt, meine auch, und zu allem Überfluss öffnet in diesem Moment eine zweite Kasse. Meine Leidensgenossen ziehen ab und lassen mich hier alleine zurück. Das nun folgende Rennen zwischen mir und der Kassiererin ist ausnahmsweise mal fair und ausgeglichen, sie scannt die Teile und wirft sie mit einem Handgriff danach in meine Tasche. Die Methode gefällt mir. Ihr nicht. Sie lächelt mitleidig. Das ist für sie so eine Art Charity-Veranstaltung, beim nächsten Mal wird wieder mit harten Bandagen gekämpft. Neben mir stapeln sich immer noch die Einkäufe der beiden Damen, die nun an der Kuchentheke stehen und die Nerven der Bäckereifachverkäuferin auf die Probe stellen: »Emma, möchtest du jetzt lieber das Plunderteilchen oder ein Quarkbällchen?« Bloß weg, auf Brot verzichte ich.

Als ich später zu Hause meine Einkäufe ausräume, halte ich eine Packung »Chillout-Tee« in der Hand. Wie ist denn die da reingeraten? Hatte Frau Y. Ilmaz etwa doch Humor?

Einkaufsparadiese

Supermärkte können Herausforderungen sein. Und Montage sind vergleichsweise harmlos. Gehen Sie mal samstags dort einkaufen. Vielleicht betrachten es viele Familien als Challenge, mit ihren kleinen Kindern shoppen zu gehen. So eine Art Überlebenstraining im Großstadtdschungel. Herzlich Willkommen zum Kinder-Konsum-Kurs! Manche lassen den Nachwuchs frei laufen, damit es allen Beteiligten noch mehr Spaß macht, sie können dann in den Gängen fangen spielen. Außerdem kann man den Kinderwagen dann als Einkaufskorb benutzen. Eine Studentin der Sozialpädagogik, die nebenbei an der Supermarktkasse jobbt, erlebt das regelmäßig so:

Da stürmen gestresste Mütter zehn Minuten vor Ladenschluss um 21.50 Uhr das Geschäft, mitsamt ihrem plärrenden Nachwuchs. Wieso sind die eigentlich nicht im Bett? Und dann werden die Gänge im Eiltempo abgeklappert. Das ist keine Seltenheit! Gerne halten sie auch den kompletten Kassenverkehr auf, weil sie mit ihren Kindern wichtige Gespräche führen, Kekse aus den Untiefen ihrer riesengroßen Beutel kramen oder Rotznasen abwischen müssen. Sie stehen mitten im Eingang, weil die Diskussion mit dem trotzigen Sohn oder der zickigen Tochter etwas länger dauert, da müssen die anderen Kunden natürlich Verständnis haben.

Die Steigerung von »Supermärkten kurz vor Ladenschluss« ist »Ikea am Samstag.« Das familienfreundliche Einkaufsparadies. Nur weil es so heißt, muss man da nicht zwangsläufig mit der ganzen Familie einkaufen. Aber viele nehmen das wörtlich. Und dann begegnet einem da die vierköpfige Mustermannfamilie, deren Söhne unbedingt diese riesengroßen Einkaufswagen, aber bitte jeder seinen eigenen, vor sich herschieben wollen. Und alles niedermähen, was ihnen in den Weg kommt. Dabei bestaunen Mama und Papa seelenruhig Svörre in blau und Röckse in Edelstahl. Andere Kinder wissen sich selbst zu beschäftigen, indem sie Kissenschlachten in der Schlafzimmerabteilung veranstalten und die Qualität von schwedischen Hochbetten testen. Die Mehrheit der unter Zehnjährigen heult, oder quengelt, weil sie Köttbullar essen oder aus dem Spielparadies abgeholt werden will. Und bei alldem schlendern unsere konsumfreudigen Mittelstandseltern ganz relaxed voran. Am besten gefallen mir die, die am Ende bei den Kassen »zum Selberscannen« ihre Kinder ranlassen. So kriegt man locker einen verregneten Samstagnachmittag rum …

Shoppingqueen

Einkaufen will gelernt sein, da ist es nicht verkehrt, schon früh damit anzufangen. Leonie ist zwei Jahre alt und in der Ausbildung zum Shopaholic. Das weiß ich von Frau M. aus Berlin, sie ist Besitzerin eines sehr schönen Geschäfts, in dem es vor allem Wohnaccessoires wie Duftkerzen, Blumenvasen und ausgesuchtes Geschirr gibt. Aber auch bunte Tücher, Modeschmuck und andere erlesene Dinge.

Täglich kommen viele Eltern mit ihren Kindern dort vorbei, der Laden liegt in der Nähe einer Kinderkrippe. Leonies Mutter Winni liebt dieses Geschäft und sie kommt gerne mit ihrer Tochter nach Krippenschluss auf einen Sprung herein. Sie ist gewissermaßen Stammkundin, und was für eine! Aber lassen wir Frau M. selber erzählen:

Die Zweijährige saust regelmäßig durch meinen Laden und fasst dieses und jenes an, nimmt einige Teile aus den Regalen und bringt sie ihrer Mutter zwecks Begutachtung. Späterer Kauf nicht ausgeschlossen. Manchmal verbringen Mutter und Tochter erhebliche Teile ihres Nachmittages hier harmonisch miteinander. Es ist ein bisschen wie Spielplatz, nur hier hat auch Winni ihre Freude. Sie unterhält sich gerne mit mir und im Frühjahr und Sommer sitzt sie draußen auf der Bank, manchmal auch mit anderen Müttern. Winni kauft sich *Coffee to go* beim Bäcker nebenan, gerne bringt sie mir einen mit, und für Leonie manchmal Butterplätzchen. Doch an einem Tag nahm der Einkaufsspaß eine entscheidende Wendung:

Leonie wollte unbedingt ein rosafarbenes Seidentuch mit kleinen Bommeln daran haben. »Nein«, erklärte Winni ihr freundlich,»das ist zu teuer.« Leonie war der Preis seltsamerweise egal, sie wollte das Tuch haben. Sie schrie und drückte die weiche Seide an ihre Brust, so dass ich ein wenig Sorge hatte, ob es nach der Attacke noch verkäuflich wäre. Doch da kam der guten Mutter die rettende Idee. Sie zwinkerte mir verschwörerisch zu und sagte:»Na gut, dann kaufen wir das Tuch.« Leonie war zufrieden. Ich stand erst ein wenig auf der Leitung, kapierte dann aber doch, was Winni vorhatte. Ich schlug das Seidentuch hübsch in passendes Seidenpapier ein, verpackte es in eine Tüte und Winni tat so, als reiche sie Geld über die Ladentheke.»Bring' ich morgen wieder«, flüsterte sie mir zu, dann verschwand die Beute in ihrer Handtasche. Leonie schlenderte unterdessen weiter durch ihr Einkaufsparadies und hielt Ausschau nach begehrenswerten Objekten. Doch Winni sagte nur: Leonie, ein Teil reicht für heute. Jetzt müssen wir aber gehen.« Ich dachte, das wäre eine einmalige Angelegenheit und machte mir keine weiteren Gedanken darüber. Doch da hatte ich mich gründlich getäuscht.

Am nächsten Tag brachte Winni erst ihre Tochter in die Krippe, dann das rosa Seidentuch zurück.

»Ganz lieb von Ihnen, dass Sie da gestern so schön mitgespielt haben«, hat sie gesagt, und ich war noch immer wenig perplex. Da aber beide so gerne in meinen Laden kommen, standen sie am Nachmittag schon wieder auf der Matte.»Hallo Frau M., da sind wir wieder«, flötete Winni fröhlich und Leonie ging sofort auf die Pirsch. Grabschte hier und da in die Auslagen, versteckte sich unter den Kleiderständern und sortierte das Kerzenangebot neu. Winni unterhielt sich wie immer angeregt mit mir, diesmal über die Farben der kommenden Saison. Ich war – ehrlich gesagt – etwas unentspannt, weil eine Zweijährige im Geschäft durchaus zu einem Versicherungsfall werden konnte. Leonie hatte sich Fellboots angezogen und kam mit großen Schritten angestapft. Ihre Mutter lachte. »Na, du siehst ja lustig aus!« Ich lächelte auch, aber etwas verkrampft, vor allem weil ich das feine Armband in ihrer kleinen Faust sah. »Was hast du denn diesmal erbeutet?« rief Winni entzückt und schaute sich das silberne Schmuckstück mal genauer an. »Das haben!«, rief Leonie. Und weil der Trick ja so super funktionierte, versuchte Winni es ihrer Tochter erst gar nicht auszureden, sondern reichte das Ding gleich an mich weiter. »Einmal das Armband für die junge Dame, bitte!« Und dabei zwinkerte sie wieder so lustig, damit ich, ihre Komplizin, Bescheid wusste. Ganz konspirativ! Winni machte es großen Spaß, mit mir Kaufladen zu spielen. Ich war zwar echt sprachlos, tütete aber wieder anstandslos ein. Ob wir von nun an immer zusammen Kaufladen spielen müssten? Und Leonie? Die war mit sich und der Welt zufrieden. Egal, was sie anschleppte, Mutter »bezahlte« und steckte es in ihre Tasche.

Frau M. hat eine neue Stammkundin! Nun wird munter drauflos geshoppt. Winni kann sich wirklich glücklich schätzen, an diese Verkäuferin geraten zu sein. Das Leben kann so schön sein. Vor allem so einfach. Beim nächsten Mal hat Frau M. allerdings frei, dann ist die Neue da. Das wissen die beiden Shopaholics nur noch nicht. Und wir werden erfahren, was passiert, wenn Winni versucht, mit ihr Kaufladen zu spielen.

Ein Treppenwitz

Die Tage von Lina nehmen leider nicht immer so ein glückliches Ende. Das weiß ich aus eigener Erfahrung.
Denn: Lina schreit. Jeden Tag. Lina lebt nicht in einem Ent-

wicklungsland, Krisen- oder Kriegsgebiet. Sie leidet keinen Hunger oder Durst. Sie wird weder misshandelt noch vernachlässigt. Ihre Eltern sind Akademiker. Lina ist noch keine drei. Höchstens zweieinhalb. Und Lina kann wahrscheinlich schon bis zehn zählen – auch auf Chinesisch. Und dennoch schreit Lina. Jeden Tag zwischen 16.30 Uhr und 17.00 Uhr. Manchmal auch länger. Dann hockt sie am Fuße der Treppe in meinem Treppenhaus. Sie wohnt in einer schönen großen Altbauwohnung im dritten Stock mit Stuckdecke und Parkettfußboden, aber ohne Aufzug. Das ist Linas Problem. Und das ihrer Mutter. Und es ist nicht ihr einziges.

Lina ist müde. Sie hat acht Stunden in einer Kinderkrippe verbracht, das ist anstrengend. Ein Kinderarbeitstag. Linas Mutter ist auch müde, sie hat acht Stunden in einer Werbeagentur verbracht. Doch während Linas Mutter niemals die Nerven verliert, ist Lina mit ihren Nerven ständig am Ende.

Und so wird der ganzen Hausgemeinschaft jeder Tag mit Linas Geschrei und Mamas monotonem »Lina, kommst du bitte?« versüßt. Meistens hat Mama Einkaufstüten in beiden Händen und leider keinen dritten Arm, um ihre Tochter in den dritten Stock zu tragen. Und meistens stehen die beiden im Weg. Heute einer unten an der Treppe, und einer oben.

»Hallo Lina.« Noch vor gut zwei Jahren lag dieses Kind friedlich im Maxi Cosi. Sie lächelte mich an und ihre kleine Stupsnase kräuselte sich. Schon damals habe ich Lina sehr gerne gemocht und tue es auch heute noch, obwohl sie mich jetzt anschaut, als sei ich schuld daran, dass es hier keinen Aufzug gibt. Sie verzieht keine Miene, die dünnen Lippen fest aufeinander gepresst, hat sie für einen Moment vergessen weiterzuheulen. Ihre feinen hellblonden Haare stehen zu Berge, sie sind elektrisch aufgeladen, weil sie die ganze Zeit mit ihrem Hosenboden auf der linoleumbezogenen Treppenstufe im Rhythmus des Schreiens hin- und herrutscht. Oben auf der Treppe steht ihre Mutter. »Magst du vielleicht ein Eis, Lina? Ich habe oben Erdbeereis, dann musst du aber mit raufkommen.« Das enttäuscht mich, sie hatte schon bessere Tricks auf Lager. Als ob man Lina mit Eis ködern könnte! Ich setze meinen Weg fort, grüße freundlich und ernte sogar ein angedeutetes Nicken. Linas Mutter tut mir aufrichtig leid, vielleicht hätte sie besser mal den Kinder-Beipackzettel gelesen. Dass ihre Tochter jeden Tag nach Feierabend eine gute halbe Stunde im Hausflur sitzt und heult, hat ihr vorher wohl keiner gesagt. Aber sie hat eine Lösung gefunden. Man geht sich aus dem Weg bzw. sie schon mal vor. Jetzt müsste sich nur noch Lenny von oben dazugesellen, dann käme hier so richtig Leben in die Bude … Stattdessen kommt aber ein paar Minuten später Linas Papa nach Hause und das Geschrei erstirbt augenblicklich. Freudig schließt er sein geliebtes Töchterchen in die Arme: »Hallo, mein Schatz, soll der Papa dich mal nach oben bringen?« – Lina nickt. »Bekomme ich oben ein Eis?« – »Natürlich.« Und dann wird Lina in den dritten Stock getragen, denn Lina muss nichts müssen …

Und ich habe Feierabend. Für heute.

Mein Fazit des Tages:
Kinder müssen nichts müssen
Eltern unterstützen sie dabei, wo sie nur können

1. Das Leben ist doch ein Ponyhof!
   Zwanglosigkeit ist die Grundvoraussetzung für ein harmonisches Miteinander. Eine Konfrontation mit dem Nachwuchs

birgt Risiken, möglicherweise wehrt der sich oder gibt Widerworte. Das gilt es unbedingt zu vermeiden!

2. Wenn man nichts macht, kann man auch nichts falsch machen! Da man nie sicher sein kann, das Richtige zu tun, stellt man sich lieber tot. Nein, das ist nicht feige, das ist clever!

3. Dein Wille geschehe!
Der engagierte Vater von heute fällt in eine Art Duldungsstarre, bis der Junior keine Lust mehr hat, mit dem Einkaufswagen die Auslagen zu rammen.
Nein, das ist nicht faul, das ist nervenschonend.

MEIN TIPP:
Falls Sie also Eltern sind, aber ab sofort hip sein möchten, dann warten Sie in Ruhe ab, bis Ihr Kind die Rolltreppe im Kaufhaus nicht länger blockieren möchte. Zur Not bitten Sie die anderen Kunden, die Feuertreppe zu nehmen.

»Und täglich grüßt ...«

Family Affairs

»Kacka gemacht!«
Da geht einem doch das Herz auf. Es ist sieben Uhr morgens und Lenny hatte bereits Stuhlgang. Das wird ein guter Tag. »Maaamaaaa! Kaaackaaaa gemacht!« Wenn jetzt noch die Narkosemutter aufwachen und ihre hygienischen Pflegepflichten erfüllen würde. Wo steckt sie bloß? »Ka-Ka- ge-macht.« Ich finde es sehr schön, wie Lenny seine Verdauungsinformation im Duktus immer wieder variiert. Ich mag die Stakkato-Version am liebsten. Kreativer Bursche. »Ma-Ma! Ka-Ka-ge-ma-acht.« Und tatsächlich vernehme ich jetzt ein Lebenszeichen. »Ja, Lenny, Mama kommt gleich. Moment.« Für kurze Zeit ist Ruhe. Ich stelle mir vor, wie Lenny auf der Schüssel hockt und wartet. Dabei rollt er wahrscheinlich das Toilettenpapier ab. »Ma----ma!« Jetzt wird er energisch. Das kann ich gut verstehen. Ich höre eilige Schritte über mir, Larissa kommt. Endlich. »Puh, Lenny, das stinkt aber! Du kannst doch nicht die ganze Zeit über deinem Kacka sitzen!« Ich schiebe meine Schüssel mit dem Obstsalat zur Seite. Zeit zu gehen.

Im Hausflur treffe ich die neue Nachbarin nebst zwei Kindern. Zu diesem Zeitpunkt habe ich noch keine Ahnung, wie viele Menschen da neuerdings insgesamt im Hinterhaus leben, ich blicke da nicht mehr durch. Und da bin ich wahrscheinlich nicht die Einzige. Auf dem Klingelschild steht A. Behring & M. Tolle. Das hier muss also Frau Behring oder Frau Tolle sein. Also packe ich die Gelegenheit beim Schopfe und frage mal nach. Ein Fehler! Das hätte ich besser mal nicht getan …

»Guten Morgen. Sind Sie letzte Woche hier eingezogen?« Mit einem strahlenden Lächeln kommt sie auf mich zu: »Ja, hallo, ich bin Michaela. Michaela Tolle.« Freundliche Frau, sehr aufgeschlossen. Ich schaue auf die zwei Kinder:

»Und das sind Ihre beiden, nehme ich an?«

»Nein«, antwortet sie, immer noch bemerkenswert fröhlich für diese frühe Uhrzeit, »die Lilli hier ist von meinem Mann aus erster Ehe. Der Franz, das ist meiner.« Jetzt könnte ich noch aussteigen, mache aber stattdessen noch einen folgenschweren Fehler: »Ach, und die Lilli lebt bei Ihnen, nicht bei Ihrer Mutter?« – »Doch«, erwidert sie immer noch ausgesprochen liebenswürdig, »eine Woche hier, eine Woche da. Der Franz geht ja auch zwei Tage die Woche zu seinem Vater.« Hä? Nun lasse ich auch die zweite Chance auf einen sauberen Abgang leichtfertig sausen. »Aber der Franz ist doch Ihrer?« – »Ja, aber aus einer früheren Beziehung.« Franz ist also nicht der Sohn von Herrn A. Behring. Da soll man noch mitkommen. Ich setze zum höflichen Abschied an, da meldet sich Klein-Lilli zu Wort: »Und am Wochenende kommen immer Vicky und Berit zu uns.« Na, super. Also, weiter geht's: »Und wer sind Vicky und Berit?« Frau Tolle: »Das sind die Zwillinge von der Exfrau meines Mannes. Aus ihrer neuen Beziehung.« Also von Herrn Behrings Ex-Frau. So genau will ich das alles gar nicht wissen. Außerdem betreten gleich Lenny und Larissa das Treppenhaus. So gerne ich die beiden habe, aber was zu viel ist, ist zu viel. »Ach, das ist ja schön«, fällt mir noch ein und dann schaue ich nur mal so zum Spaß in den Briefkasten (dabei lässt sich hier kein Postbote vor 16 Uhr blicken), und beende das Gespräch mit einem flotten »Na, dann haben wir ja jetzt hier eine echte Großfamilie!« Der nächste Fehler.»Um Himmels Willen! Großfamilie! Das will doch heute keiner mehr!« Michaela winkt ab und Lilli erklärt feierlich:»Wir sind eine Patchwork-Familie.« Und dann machen sich die drei Flicken vom Acker.

Bäumchen wechsle dich ...

Michaela, Franz und Lilli brachten mich erst auf die Idee, das Thema Patchwork-Family mal bei Erziehern und Lehrern zur Sprache zu bringen.

So erfuhr ich, dass dieses coole Clanleben ausgesprochen *in* ist. Früher war das einzige Scheidungskind in der Klasse ein bemitleidenswerter Exot – heute findet man kaum noch Kinder, die mit beiden leiblichen Eltern zusammenleben. Ein Grundschullehrer berichtet von Kindern, die auch schon mal den Überblick verlieren, sie haben mitunter bis zu sieben»Geschwister«, mehrere»Zuhauses« und kommen dadurch auch in den Genuss wöchentlich wechselnder Erziehungsstile.»Der Jonathan muss sich also schon genau merken, wo er was darf und welche Mama was verbietet. Da kann schon mal einiges durcheinandergeraten. Was aber nicht weiter schlimm ist, denn dafür haben sämtliche Mamas und Papas natürlich Verständnis«, wusste ein Grundschullehrer zu berichten. Manche Kinder leben auch in einer ultracoolen WG. Da sitzen ständig andere Leute am Frühstückstisch. So wird das Leben nie langweilig. Doch das Patchwork-Ding hat noch mehr Vorteile: Das Mathebuch ist immer gerade da, wo man nicht ist. Wie praktisch. Und irgendeiner hat immer Zeit, die vergessene Stullendose in die Schule zu bringen.

Dazu auch die Berliner Lehrerin Ingrid B.:

Kinder aus Patchwork-Familien liefern nicht nur die besten Entschuldigungsgeschichten, sondern auch die längsten: »Ich habe bei meinem Papa geschlafen, und die Schultasche bei Mama gelassen. Die Mama hat mich gestern aber nicht abgeholt, sondern erst heute und da konnte ich meine Hausaufgaben nicht machen und außerdem hat sie heute Morgen die Tasche vergessen … Und weil ich gleich zu Papa gehe, habe ich die Schulsachen ja wieder nicht …« Und so weiter und so fort. Wahre Entschuldigungstiraden prasseln da auf einen nieder!

Da soll mal einer sagen, diese moderne Form der Familie birgt keine Vorteile. Dabei ist das mit der Patchwork-Familie gar nicht so neu und modern, sondern schon über 2000 Jahre alt. Die erste Familie dieser Art war unsere Heilige Familie. Schließlich war Josef ja gar nicht Jesus' Vater – und wenn nicht alle so ein Mega-Event daraus gemacht hätten, hätte Josef nie erfahren, dass Jesus gar nicht von ihm ist. Also, alles schon mal da gewesen …

Ich stelle mir vor, wie Lilli, Franz und all die anderen Mutter, Vater, Kind spielen. So wie wir früher. Ganz simpel. Das einzige, was zu dritt richtig gut funktioniert. Nur als Spiel, im wahren Leben wohl eher weniger, das hat Frau Tolle ja gerade eindrucksvoll beschrieben. Heute spielt der Nachwuchs wahrscheinlich Patchwork-Familie. Deshalb sind viele Kinder so unausgeglichen: Der Mick will unbedingt der Stiefvater von der Sophie-Charlotte sein. Die Sophie-Charlotte möchte aber nicht, dass der Mick ihr Stiefvater ist, weil der auch gleichzeitig der Vater von Fritz und Emil ist. Und Fritz und Emil sind doof. Findet Sophie-Charlotte. Außerdem soll der Leo ihr Vater sein, der Leo will aber nicht ihr Vater sein, der will der neue Vater von Fritz und Emil sein. Und zu diesem Zeitpunkt haben die noch gar nicht sämtliche Mütter ausgesucht.

Widmen wir uns nun weiteren Erzieher-Tatsachenberichten. Denn auch an diesem Morgen geht es wieder hoch her in den Betreuungseinrichtungen der Nation!

Sonderwünsche & Extrawürste (Teil 2)

Madita hat ihre Polly am gestrigen Nachmittag bei den »Wollmäusen« abholen müssen, die Kleine war etwas kränklich. Das hat ihr überhaupt nicht in den Kram gepasst, deshalb kam die Zweijährige auch gleich am nächsten Tag wieder topfit und kreuzfidel in die Krippe. Schön, wenn man sich auf sein Kind verlassen kann.

Hier der Bericht dazu von Erzieherin Mariele P.:

Madita drückte mir das Kind in die Hand und sagte: »Keine Ahnung, was sie gestern hatte. Zu Hause war sie wieder fit.« Ich fühlte Pollys Köpfchen, aber sie schien tatsächlich nicht heiß zu sein. Gegen Mittag verschlechterte sich ihr Zustand wieder und als unsere Kinderpflegerin Pollys Windel wechselte, entdeckte sie – nanu nana – den verräterischen Rest eines Zäpfchens. Und das Fieber kehrte zurück. Auch die besten Fieberzäpfchen wirken nun mal nicht ewig.

Also ging ich ins Büro, wählte die Nummer von Maditas Atelier und hatte nach mehrmaligem Läuten eine Kollegin am Apparat. »Ich würde gerne mit Frau S. sprechen.« Die Antwort kam prompt: »Die ist heute nicht da. Ihre kleine Tochter ist krank, da musste sie zu Hause bleiben.«

Schau mal einer an. Und so versuchte ich es auf dem Handy. Immer und immer wieder. »The person you have called is temporarily not available …«

Nach fast einer Stunde hatte ich es geschafft. Es war nicht ganz einfach, Madita an diesem Tag ans Telefon zu bekommen. Mittlerweile war Pollys Fieber schon auf 39 Grad gestiegen. Und endlich stand die treu sorgende Mutter auf der Matte. »Komisch, bei mir war sie gestern putzmunter«, war das einzige, was ihr dazu einfiel, und dann hatte sie noch ein wichtiges Anliegen:

Am schwarzen Brett hing die Ankündigung für das Vater-Kind-Laternenbasteln, das ich im letzten Jahr ins Leben gerufen hatte. Weil Väter sich unter »ihresgleichen« wohler fühlen. Sie führen dann andere Gespräche und nehmen das Angebot gerne an. Ich hatte mir vorgenommen, weitere Vater-Kind-Aktionen zu planen. Aber da hatte ich die Rechnung ohne Madita gemacht.

»Ich möchte, dass ihr das Vater-Kind-Laternenbasteln abschafft!«»Warum das denn?« Madita verdrehte die Augen:»Na, denk doch mal nach. Ich habe keinen männlichen Begleiter für Polly, der mit ihr eine Laterne bastelt.« –»Und deshalb sollen wir jetzt die ganze Aktion absagen? Die anderen Kinder freuen sich doch darauf!« Das ging mir jetzt aber echt zu weit.»Ach, und Polly ist euch egal, oder was?« Gute Frage, dachte ich, besonders in dieser Situation, denn Polly jammerte, sie fieberte, das Köpfchen war heiß und rot. Aber Madita musste gerade noch viel heißere gesellschaftspolitische Eisen anfassen, auf Einzelschicksale konnte keine Rücksicht genommen werden.

Also versuchte ich einzulenken, Polly zuliebe:»Wir haben doch noch einen Ersatztermin, da kommen auch Mütter, du kannst mit Polly dann eine Laterne basteln.«

»Nein, ich will, dass diese diskriminierende Veranstaltung abgesagt wird. Das werde ich beim nächsten Elternabend ansprechen!« Ich gab auf. Den Rest erledigten die Eltern.

Ach, wie idyllisch und harmonisch es einst gewesen sein mochte in der Kita »Wollmäuse« im dritten Hinterhof. So versichert es auf jeden Fall Mariele P. regelmäßig. Doch der Spaß geht weiter, denn Madita hat noch einiges auf Lager. Es gibt ja immer etwas zu verbessern.

Ordnung muss sein! (Teil 2)

Auch Frau Berger-Moll ist eine engagierte Mutter. Und so dürfen wir uns auf die nächste Lektion in Sachen Ordnung und Sauberkeit freuen. Chrissi H.:

Wir waren an jenem Morgen bereits mit den Kindern nach draußen gegangen, es war ein wunderschöner sonniger Tag, da wollen alle immer so schnell wie möglich an die frische Luft. Familie Berger-Moll kam mal wieder als letzte. Benjamin flitzte sofort nach seiner Ankunft durch den leeren Gruppenraum raus zu seinen Freunden. Seine Mutter winkte kurz von weitem und ging wieder hinein. Was dort dann passierte, wussten wir zu diesem Zeitpunkt noch nicht. Bennys Mama räumte auf. Und diesmal konnte ihr keiner ins Handwerk pfuschen. Sie war nun alleine im Gruppenraum und als erstes nahm sie sich den Schrank mit den Ordnern vor. Der größte Teil war unbeschriftet! Wo gab es denn so was! In einer anständigen Kanzlei ganz sicher nicht. Also begann die Juristin die Ordner auch ordnungsgemäß zu beschriften. Dafür musste sie natürlich den Inhalt sorgfältig prüfen, damit auch drin war, was draufstand. Anschließend nahm sie sich die Ablagefächer vor. Dort lagen allerhand unsortierte lose Blätter, Formulare, Rechnungen, Bestellungen, und heftete alles fein säuberlich in die Ordner. Zum

Glück gab es noch ein paar unbenutzte Hefter, die konnte Frau Berger-Moll für einige Unterlagen neu beschriften. Dann ging sie. Wahrscheinlich, um in der Kanzlei nach dem Rechten zu sehen ... Wir spielten unterdessen draußen ahnungslos mit den Kindern verstecken.

Schulgeschichten

Frau Berger-Moll erledigt ihre Arbeit wenigstens diskret. An dieser Stelle verlassen wir einmal die Kindertagesstätten, Kindergärten und Krippen und wenden uns der Grundschule zu. Denn auch von dort hat das pädagogische Personal einiges zu berichten.

Es gibt Eltern, so versicherte mir ein Berliner Grundschullehrer, die kommen während des Unterrichts in den Klassenraum, um die Fächer und Plätze ihrer Kinder zu kontrollieren. Sind alle Bücher und Hefte da, die der kleine Schatz braucht? Wir sprechen nicht von verängstigten Erstklässlern, hier sitzen Schüler, die bald aufs Gymnasium gehen sollen (wohin auch sonst?). Aber es sind eben auch noch Kinder, sie brauchen den Support ihrer Eltern. Und die erledigen das, wenn sie Zeit haben. Ganz egal, ob der Unterricht schon angefangen oder noch nicht zu Ende ist. So nach dem Motto: »Lassen Sie sich nicht stören, ich räum hier nur ein bisschen auf!«

Kornelia D., die Erzieherin in der Ergänzenden Betreuung einer Grundschule, kann da nur zustimmen:

Wenn die Eltern mit den Lehrern sprechen möchten, dann ist es ihnen egal, ob der Unterricht gerade anfängt. Wenn man sie darauf aufmerksam macht, dass diese Zeit ihren Kindern vorbehalten ist, und sie einen Termin für ein Gespräch vereinbaren müssen, sind sie regelrecht empört!

Ja, vielleicht sollten wir alle ein wenig flexibler werden und eine Art Gleitzeit einführen: Halten Eltern die Lehrer morgens auf, müssen die Kinder halt am Nachmittag ein bisschen länger bleiben. Aber das ist meine Meinung. Hören wir was die Profis dazu sagen. Frau D. weiter:

Ich habe schon Mütter erlebt, die mich nach Feierabend zugetextet haben und keinerlei Rücksicht darauf genommen haben, dass ich ihnen mehrfach gesagt habe, dass Sie bitte einen Termin vereinbaren sollen. Die haben mich bis auf die Straße verfolgt und laufend (im wahrsten Sinne des Wortes!) auf mich eingeredet!

Das nenne ich mal hartnäckig. So leicht lassen sich die Eltern von heute eben nicht abwimmeln. Dagegen war ich ein echter Waschlappen. Ich habe mir einen Termin geben lassen. Würde mir heute auch nicht mehr passieren.

Das Schulgebäude ist in vielen Fällen (es gibt auch Ausnahmen!) ein Raum, den man nach Herzenslust bespielen darf. Kommen und gehen, wann man will, oder wie ein Lehrer berichtete, auch als überdimensionales Schwarzes Brett benutzen:

Eltern kleben ihre Zettelbotschaften einfach ohne zu fragen überall hin. »Brotdose verloren!«; »Klavierlehrer gesucht!«; Kindersitz günstig abzugeben!« Die kommen gar nicht auf die Idee, im Sekretariat zu fragen, ob es vielleicht so etwas wie eine offizielle Pinnwand gibt!

Ach, wozu auch! Informationen müssen flächendeckend verteilt werden, nur so kommt man zum Erfolg! Deshalb stellte sich für mich auch sofort die Frage, ob jener einsame Zettel, der mir an einer Grundschule am Haupteingang ins Auge sprang, überhaupt etwas bringt: *WER LOSLÄSST, HAT DIE HÄNDE FREI …* Was für ein schöner Satz!

»Wir möchten Sie bitten, Ihr Kind zukünftig am Eingang zu verabschieden. So lernt es schneller, sich im Schulhaus zurechtzufinden, selbst Verantwortung zu übernehmen für die Kleidung an der Garderobe, die Sporttasche, den Arbeitsplatz.«

Diesem Appell liegt ja offensichtlich eine Erfahrung zugrunde, ähnliche Schilder sieht man am Eingang vieler Grundschulen. Also habe ich mich mal ein wenig umgehört, und siehe da: Auch das ist total normal! Eltern begleiten ihr Kind bis ans Schulpult. Sortieren das Arbeitsmaterial, spitzen die Stifte an, kontrollieren sicherheitshalber noch mal, ob die Apfelschnitze auch in der Tupperdose liegen und verlassen erst dann halbwegs beruhigt das Schulgebäude. Zufrieden sind sie nie. Man kennt das ja: Wenn man nicht alles selber macht …

Die Lehrerin und Sonderpädagogin Ingrid B. arbeitet an einer Grundschule in einem Berliner Brennpunkt, sie wusste zu diesem Thema folgendes zu berichten:

Da alle meine Schüler (4.–6. Klasse, neun bis elf Jahre) Mobiltelefone besitzen, ist es gar kein Problem, wenn sie etwas vergessen haben. Ein Anruf genügt, und Mami bringt das vergessene Heft schnell vorbei! Die Kids genießen einen 24-Stunden-Service, und die Eltern tun alles, was der Nachwuchs von ihnen verlangt. Als ein Schüler seine Hausaufgaben nicht machen konnte, weil er sein Heft in der Schule vergessen hatte, erschien er am nächsten Tag mit einer seitenlangen Entschuldigung. Er hatte seinen Vater mit bewundernswerter Hartnäckigkeit dazu gebracht, für ihn diesen Roman zu schreiben.

Was müssen das für glückliche Kinder sein, die solche Eltern haben. Verständnisvoll in allen Lebenslagen! Zum Thema Hausaufgaben noch einmal Ingrid B.:

Ein leidiges Thema. Wenn ich Eltern darauf anspreche, dass ihre Kinder nur selten oder unzureichend ihre Aufgaben gemacht haben, erlebe ich völlig überforderte Mütter, die schlicht an ihren Töchtern und Söhnen scheitern. »Er will nicht, er weint dann! Was soll ich machen?«

Deshalb erzieht Ingrid B. nicht nur die Kinder, sondern auch die Eltern. Aber das macht sie mit links, sie versucht es zumindest:

In Kilians Schultasche sah es regelmäßig aus wie auf der Müllhalde. Da war alles Mögliche drin, nur nicht das, was drin sein sollte. Ich verabredete mit ihm und seiner Mutter, dass die beiden zu Hause eine tägliche Kontrolle vornahmen und aufräumten. Doch nichts passierte. Kilian zuckte nur mit den Schultern, wenn ich ihn dazu befragte. Er hatte keine Lust gehabt, und seine Mama erklärte resignierend: »Er wollte nicht. Er weint dann. Was soll ich machen?«

Das kann einem ja auch in der Seele wehtun, wenn so ein Knirps von zehn Jahren heult, weil er lieber Computerspiele macht statt Matheaufgaben oder seinen Ranzen aufzuräumen. In den meisten Fällen liegt die Schuld sowieso nie bei den Kindern, erstaunlicherweise können sie zu Hause Dinge, die sie in der Schule nicht beherrschen. Ingrid B.:

Wenn ich eine Mutter bitte, mit ihrem Kind dringend das Einmaleins zu üben, dann erfahre ich:»Zu Hause kann es das!«

Es kommt eben auf ein geeignetes Lernumfeld an! Dazu der Lehrer Frank G.:

Eines Tages bemerkte ich einen fremden Mann auf unserem Schulflur. Er erkundete das Gebäude und setzte sich auf eine Bank, doch er schien hier eindeutig nichts verloren zu haben. Ich sprach ihn an, ob er ein Vater sei? Ich hatte ihn in der Schule nämlich noch nie gesehen. Er antwortete:»Ich würde meinen Sohn gerne hier anmelden, doch vorher möchte ich die Atmosphäre in dieser Schule erspüren.«

Es geht doch nichts über *good vibrations*! Erfahrungsgemäß, so der Lehrer, gehört dieser Vater später zu jenen Vertretern, die einen Riesenaufstand machen, wenn fremde Personen im Schulgebäude gesichtet werden.

Wenn der Vater mit dem Sohne (Teil 2)

Schalten wir jetzt noch mal live rüber zu Conny B. nach Berlin. Sie erinnern sich ja bestimmt an Oscar und seinen besten Freund Peter, der zufällig auch sein Vater ist.

Gerade betreten die beiden die »Bärenhöhle«, und Oscar freut sich, denn heute kommt Björn. Björn ist der Musikpädagoge und bei allen Kindern sehr beliebt. Und ich gebe ab an Conny B.:

»Björn da?«, fragt Oscar mich sofort, und bevor ich etwas antworten kann, geht sein Papa in die Knie (Augenhöhe ist sehr wichtig!) und erklärt:»Björn kommt immer mittwochs, Oscar. Heute ist Dienstag. Björn kommt also erst morgen.« Dienstag, Mittwoch, heute, morgen. Oscar versteht nur Bahnhof.»Björn nicht da?« Nun wendet sich Oscar vertrauensvoll an mich, ich kenne mich hier schließlich aus. Aber Peter ist wieder schneller:»Nein, Björn ist heute nicht da. Er kommt morgen. Morgen ist Mittwoch. Und Mittwoch ist Musiktag.« Nun muss ich aber dringend einschreiten. Denn:»Oscar hat Recht! Björn kommt ausnahmsweise in dieser Woche schon heute. Er kann morgen nicht.« Der Zweieinhalbjährige strahlt, aber nach einem triumphierenden Blick zu seinem Vaterfreund vergeht ihm das Lachen. Der 30-jährige Geschichtsstudent ist total aufgelöst.»Schau, Oscar, das ist eine Ausnahme. Der Björn kommt heute nur ausnahmsweise mal am Dienstag. Sonst kommt er immer am Mittwoch.« Oscar weiß zwar nicht so genau, was nicht in Ordnung ist, aber irgendetwas stimmt nicht. Er bekommt einen hochroten Kopf (den bekommt er immer, wenn er sich nicht wohl fühlt in seiner Haut) und schaut seinen Papa verängstigt an. Das wiederum scheint Peter jetzt zu verunsichern, und er geht abermals in die Knie, um seinem Sprössling diese einschneidende Veränderung in seinem Leben schonend beizubringen. Nach mehreren»Dienstagen« und »Mittwochen« und»gestern« und»heute« erlöse ich den kleinen Oscar von seinem Vater und bringe ihn in Sicherheit, äh, in den Gruppenraum, wo Björn schon wartet. Das nächste Mal werde ich nicht nur den Kindern mitteilen, dass»der Björn schon morgen kommt, also noch einmal schlafen«, ich werde es auch Peter sagen bzw. ihn vorsichtig und rechtzeitig informieren. Damit er nicht wie heute völlig verunsichert in die Uni gehen muss.

Danke, Conny B.!

Mit Verunsicherungen aller Art kennt sich Oscars Papa bestens aus. Deshalb kann es nicht sein, dass er sich die Mühe macht und seinem Sohnemann schon Karfreitag ausführlich erklärt, warum die Müllmänner Ostermontag nicht arbeiten, aber der Musiklehrer im Kindergarten ohne Begründung raus- und reinspaziert, wann er will. Wo kommen wir denn da hin?! Kommunikation ist das Stichwort. Wir leben in einer Kommunikationsgesellschaft, darauf muss man die Kleinen sehr früh vorbereiten – und mit ihnen reden. Und zwar von morgens bis abends.

Wer nicht fragt, bleibt dumm

In Sachen Kinderkommunikation habe ich bis jetzt eine Menge gelernt. Die nächste Lektion bekomme ich im Café an der Ecke.

Ach, und da ist ja auch der stylische »Out of bed«-Papa mit seiner Elisabeth. »Magst du vielleicht ein Stück von dem Möhrenkuchen?« Prinzessin Lissy möchte lieber Schoko-Muffins. »Oder schau mal hier, Dinkelkekse! Möchtest du die vielleicht?«

Erst hatte Daddy die Wahl zwischen fettarmer oder Sojamilch, mit oder ohne Agavensirup, oder doch lieber Süßstoff? Jetzt ist Lissy dran. Ich finde es toll, dass schon Zweijährige vollkommen selbständig Entscheidungen treffen dürfen. Aber warum muss ich immer hinter ihnen in der Reihe stehen? Ist das ein neues Murphy-Gesetz? Und wenn sie das dürfen, ich frag' ja nur mal, warum sind ihre Eltern dann so selten mit der Wahl ihrer Sprösslinge einverstanden? Ich stelle mir das so vor: Liebe Lissy, suche dir aus fünfzehn Kuchensorten bitte ein Stück aus. Es sollten aber ein paar Kriterien berücksichtigt werden:

Zucker- und Vollkorngehalt, Größe, Preis etc. Sonst könnte es zu ungeliebten Konfliktsituationen kommen. Und das wollen wir doch nicht, oder? Fragen über Fragen. Hier liegt der Ursprung wohl bei der Sesamstraße:

«Der die das,

wer wie was,

wieso weshalb warum,

wer nicht fragt bleibt dumm ...»

Dieser gut gemeinte Ratschlag aus dem Titelsong ist den ab Mitte der 1970er Jahre Geborenen in Fleisch und Blut übergegangen. Heute fragen nicht mehr die Kinder ihren Eltern Löcher in den Bauch. Sondern umgekehrt!

»Leon, möchtest du lieber Kräutertee oder warme Sojamilch?«

»Carl, putzt du dir bitte die Zähne?«

»Magst du vielleicht mal Pipi machen?«

Mal ehrlich: Früher hat uns Eltern die bohrende Fragerei der Kinder doch total genervt. Zugegeben, die Fragen waren weniger geistreich: »Papa, warum ist der Himmel blau? Mutti, warum bekomme ich Schluckauf?«

Eltern reden gerne ununterbrochen auf ihre Kinder ein. Die meisten der lieben Kleinen nehmen die permanente Fragerei gelassen hin und schalten einfach ab. Hier rein, da raus. Andere reagieren auch schon mal gereizt. Dabei meinen Mami und Papi es doch nur gut! Das neue Frage- und Antwort-Spiel scheint ganz groß in Mode zu sein. Vielleicht Spätfolgen von übermäßigem Trivial-Pursuit-Konsum. Die Situationen, in denen ich diesen Multiple-Choice-Gesprächen ausgesetzt bin, nehmen dramatisch zu und führen dazu, dass ich meinen Vormittag an der Wursttheke verbringe. Erst wenn Töchterchen Frida sich zwischen Herzsalami und Bärchenwurst entschieden hat, bin ich wieder daseinsberechtigt. Waren Sie mal dabei, wenn sich ein Zweijähriger zwischen zwei Dutzend Eissorten von Ingwer-Papaya über Fleur de Sel-Karamell bis zu Chili-Krokant eine Kugel aussucht? Nicht? Dann haben Sie echt was verpasst!

Eifersucht ist eine Leidenschaft (Teil 2)

Weniger Geduld hat die arme Frau Dr. Klenke mit der Kinderpflegerin Birgit K. Pauls Mutter hat sich jetzt schon mehrfach über sie beschwert.

Nun gibt es endlich eine Wendung, aber auch zum Guten? Aus der Sicht von Birgit klingt das so:

Die Klenke (Förmlichkeiten hat Birgit mittlerweile hinter sich gelassen – Anmerkung der Autorin) saß mindestes dreimal die Woche bei Frau W. und beschwerte sich über mich.

Ich kannte das schon, und ich kannte mich nur zu gut mit den Müttern aus, die da am späten Nachmittag ihre Babys an die Brust drückten. Die meisten hatten ein schlechtes Gewissen, waren oft abgespannt und gestresst. Sie freuten sich nach einem Acht-Stunden-Tag auf ihr Kind und erwarteten von ihrem Nachwuchs das Gleiche. Enttäuschung war oft die Folge. Aber die Klenke war ein besonderes Exemplar! Tja, wieso reagiert das Paulchen nicht auf Knopfdruck so, wie man es von ihm erwartet? Doch Frau Dr. Klenkes analytischer Verstand reichte leider nicht so weit, zu erkennen, dass Paulchen seit zwei Monaten (ein Viertel seines Lebens!) den Großteil des Tages mit mir verbrachte. Ich fütterte ihn, ich wechselte seine Windeln, ich massierte sein Bäuchlein, wenn er mal wieder Blähungen hatte, und ich sang ihn in den Schlaf. Dass er um

Punkt 17 Uhr bitte von mir auf seine Mama umschalten sollte, hatte ihm noch keiner gesagt. Nun musste sie also härtere Maßnahmen ergreifen und stichelte bei Frau W. gegen mich: Wenn sie käme, um Paul abzuholen, würde er auf meinem Arm immer weinen. Offensichtlich fühle er sich nicht wohl bei mir. Und immer öfter sei die Windel »tonnenschwer«, also wohl nicht gewechselt worden. Paul hätte wahlweise Hunger, Durst, zu wenig geschlafen, oder sie stellte die kognitive Förderung in Frage und und und. »Meinem Paulchen geht es bei der nicht gut! Das sieht doch jeder!« Nun hat die Klenke endlich erreicht, was sie wollte: eine andere Bezugsperson für Paul. Jetzt hat meine Kollegin Susanne den »Fall« übernommen. Da ist er natürlich in guten Händen. Ich bin gespannt, wie das weitergeht, denn Suse bindet sich die Kleinsten schon mal mit einem Tragetuch um und trägt sie mit sich rum. Das kann ich schon wegen meinem Rücken nicht. Aber Suse ist ja noch jung. Und dem kleinen Paul gefällt das richtig gut, da will er nämlich am liebsten gar nicht wieder raus. Mehr muss ich dazu ja wohl nicht sagen.

In der Tat. Da wird das Paulchen in seinem Leben sicher noch eine Menge Kinderpflegerinnen kennenlernen. Mami sei Dank.
Dennoch gebührt Frau Dr. Klenke auch unser Mitleid. Die Frau macht Schlimmes durch. Da hat sie ihre Führungsposition im Prinzip nur für die Entbindung mal kurz verlassen und ihren sechs Monate alten Wonneproppen schweren Herzens in die Hände dieser Kinderpflegerin gegeben – und dann läuft das nicht wie geschmiert.

71

Faustpfand

»Wie geschmiert« läuft es immer dann, wenn Groß und Klein in der Kindererziehung Hand in Hand arbeiten. Erzieherin Annette K. liefert uns den perfekten Beweis:

David (2) kam eines Morgens strahlend in die Kita und erzählte, die »Nuckifee« hätte ihm einen Playmobil-Bauernhof gebracht. Zur Erklärung: Die Nuckifee* tauscht den Schnuller gegen ein (in der Regel kleines) Geschenk, und damit verschwindet das Ding auf Nimmerwiedersehen aus dem Leben eines Kindes. Eigentlich. David hatte also den Deal mit der Nuckifee gemacht, hielt jedoch seltsamerweise einen in seiner Hand. »Der ist nur zum Schlafen«, versicherte Frau Weber-Nollendorf, seine Mama. Er hatte also nur einen halben Deal gemacht, aber das war ja Sache von David und seiner Mutter. In den folgenden Tagen kam der Junge regelmäßig mit Schnuller und er »benutzte« ihn nicht nur zum Schlafen. Da war also einer rückfällig geworden, aber das ist kein Einzelfall und sicher nicht dramatisch. Alsbald berichtete David von einem ferngesteuerten Auto. Das hatte die gute Nuckifee gebracht. Frau Weber-Nollendorf nickte zustimmend, und ich drückte insgeheim die Daumen, dass der zweite Deal nun auch für David verbindlich sein mochte. Doch irgendwann stand der Kleine morgens im Flur – mit Nucki im Mund – und Frau Weber-Nollendorf schien das völlig in Ordnung zu finden. Ich hielt mich raus. Ein paar Tage später rief David schon vom Eingang: »Die Nuckifee war da!« Dieses war der dritte Streich, und

---

* Nucki = Schnuller

72

es folgte der vierte. Ich kommentierte nicht, ich amüsierte mich im Stillen. Die Nuckifee war in diesen Wochen ziemlich ausgelastet, sie arbeitete fast rund um die Uhr für Familie Weber-Nollendorf. Irgendwann stand der Kleine morgens in der Kita und hatte eine nagelneue Digitalkamera in der Hand! »Guck mal, hat die Nuckifee gebracht!« Der Schnuller war zu einer Art Wünschelbaum geworden, der ihm ständig neue Wünsche erfüllte. Und was hast du da in der Hand? fragte ich. »Nur zum Schlafen!«, versicherte Frau Weber-Nollendorf.

Wahrscheinlich räumt David noch einen Flachbildfernseher, einen Tabletcomputer und das neue iPhone 5 ab. Diesen Schnuller würde ich auch nicht hergeben …

Malbücher

Ist es nicht schön zu erleben, wie Eltern und ihre Kinder in absoluter Übereinkunft den Alltag meistern? Dazu erzählte mir auch Silvana B. eine schöne Geschichte:

In einem (kurzen!) unbeobachteten Moment hatte die zweieinhalbjährige Deborah die ersten Seiten eines Bilderbuchs vollgekritzelt. Das ist natürlich kein Drama, das kommt bei den Kleineren schon mal vor. Aber dennoch musste ich Debbie natürlich darauf hinweisen, dass man in Bilderbüchern nicht malen darf. Dazu gibt es Malpapier. In der Folge beobachtete ich sie immer wieder, wie sie versuchte, mit Buntstiften unseren Büchern zu Leibe zu rücken. Irgendwann musste ich etwas deutlicher werden und ich verbot ihr klar und ausdrücklich in unseren Büchern herumzumalen. Sie heulte Rotz und Wasser.

Offensichtlich verstand sie das Verbot überhaupt nicht. Ich beobachtete sie nahezu täglich mit Argusaugen und erwischte sie ständig bei neuen Versuchen. Sie mochte Bücher, das war schön, aber warum musste sie fast schon zwanghaft darin kritzeln (von malen konnte man ja noch nicht sprechen)?

Ich sprach Deborahs Mutter darauf an. Frau Kerner hörte unbeeindruckt zu und lieferte mir die Erklärung. »Das kennt Deborah von zu Hause. Mein Mann und ich schreiben auch in unsere Bücher. Wir machen uns am Rand Notizen. Und natürlich darf unsere Tochter das in ihren Bilderbüchern auch. Sie ist immer sehr stolz, wenn wir zusammen im Wohnzimmer sitzen und lesen – und sie sich, wie die Großen auch, in ihren Bilderbüchern Notizen macht.« Da war mir schlagartig alles klar! Aber das Problem leider nicht gelöst. Wie sollte ich einer Zweijährigen vermitteln, dass das Bemalen von Bilderbüchern im Kindergarten tabu war? Frau Kerner machte einen Vorschlag, denn sie fand, dass dieses »Sich Notizen Machen« eine gute Vorbereitung für Schule und Studium sei: »Debbie kann sich eigene Bilderbücher mitbringen, die darf sie ja bemalen!« Ich war skeptisch. Wie sollte ich das den anderen Kindern erklären? Und was wäre, wenn die dann zu Hause auch ihre Bücher vollkritzeln? Die Eltern stünden garantiert bei mir auf der Matte! Und dann würde ich erklären, das sei eine gute Vorbereitung fürs Studium?! Nein, danke! Nach vielen langwierigen Gesprächen konnte ich Deborahs Mutter davon überzeugen, dass sie ihre Angewohnheiten gerne zu Hause praktizieren durften. Im Kindergarten war es verboten. Es hat ziemlich lange gedauert, bis beide, Mutter und Debbie, das kapiert hatten.

Mütter in der Warteschleife

Nach einem ereignis- und aufschlussreichen Tag trete ich den Heimweg an. Wie immer komme ich am Spielplatz in meiner Straße vorbei, hier habe ich schon zahlreiche Dramen erlebt. Sehr oft bin ich kurz davor, einzuschreiten, um eine Mutter oder einen Vater zu retten. Und das alles nur wegen dieser komischen Angewohnheiten …

»Bitte, Mia, die Mami möchte jetzt echt nach Hause!« – »Noch einmal schaukeln!« – »Ok, aber das ist jetzt wirklich das allerallerletzte Mal, bitte!« Oh je, wie lange mochte Mias Mama schon in der Warteschleife hängen? Sie sieht sehr unglücklich aus! »So, und jetzt gehen wir aber.« – »Nein, noch einmal, nur einmal.« Mia wartet die Genehmigung gar nicht ab, muss sie ja auch nicht, sie kennt die Antwort ja schon. »Von mir aus, aber schnell. Bitte Mia, ich möchte jetzt gehen.« Mia rutscht und rutscht. Und Mias Mama spult jetzt das ganze Programm ab: »Ich habe Hunger, Durst, mir ist kalt, ich muss mal zur Toilette, der Papa wartet.« – »Noch einmal schaukeln.«

»Bitte, Mia. Jetzt ist aber echt Schluss.«

Schweren Herzens verlasse ich die Szenerie, Mama & Mia werden es schon irgendwann bis nach Hause schaffen. Vielleicht sollte man Eltern-Notruf-Säulen errichten. Das würde sich schon allein in meiner Nachbarschaft lohnen. Damit könnte vielen geholfen werden.

Als ich den heimischen Hausflur betrete, weiß ich, es ist exakt 16.30 Uhr. »Lina, kommst du bitte?« Das Töchterchen sitzt kreischend im Hausflur und Mama nebst Einkaufstaschen steht daneben. Als Lina mich kommen sieht, vergisst sie kurz ihren schrecklich bemitleidenswerten Zustand. Aber kaum bin ich vorbei, geht die Brüllerei weiter. »Schönen Abend!« Meine Tür fällt ins Schloss, und ich weiß, dass ich nur noch eine halbe Stunde das Vergnügen habe. Dann kommt der Papa … Mein Telefon klingelt und nach einem Blick aufs Display zögere ich eine Sekunde. Eine Kollegin und dreifache Mutter, und das um diese Uhrzeit. Das bedeutet, die Kinder sind schon zu Hause und noch nicht im Bett. Draußen schreit sich Lina die Seele aus dem Hals, Mama ist schon mal nach oben gegangen. Schließlich soll sich Lina frei entfalten können. Hier wird niemand zu nichts gezwungen. Ich überlege kurz, ob ich mal rausgehe und mit ihr rede. So auf Augenhöhe. Stattdessen gehe ich ans Telefon. Wer mal mit einer Mutter telefoniert hat, deren Kind etwas dagegen hat, weiß, dass ich in diesem Moment einen großen Fehler begangen habe. Denn hier haben drei Kinder etwas dagegen. Wahrscheinlich ist die Telefon-Flatrate erfunden worden, um junge Familien nicht in den Ruin zu treiben. Ich habe schon Telefongespräche geführt, die bestanden nur aus einem Satz, zogen sich aber 45 Minuten in die Länge. Die freiheitsliebenden Anarchisten im Hintergrund beschäftigen sich nämlich nur dann selbstständig, wenn sie Bock drauf haben. »Hallo.« »Hi, ich wollte dich nur mal ganz kurz …, Sekunde, ja? Was ist denn, Adele?« Ich stelle das Telefon auf laut und fange an das Abendessen vorzubereiten. »Das hast du schön gemacht, Adele. Toll. Die Mami telefo …, ja, was ist denn? Ach, Ben, warum machst du denn so was?«

Und so unterbricht meine Gesprächspartnerin das Telefonat, um Malwerke zu bewundern, Mandarinen zu schälen und viele extrem dringende Fragen zu beantworten, die keinen Aufschub dulden. Sie tröstet, sie schlichtet, sie erklärt die Welt. In der Zeit koche ich ein asiatisches Gemüsecurry mit Räuchertofu. Seit ich in meinem Bekanntenkreis schon mehrfach am Hörer dabei sein durfte, wenn Eltern mit ihren Kindern Erziehung spielen, weiß ich den Aufenthalt in einer Warteschleife der Telekom-Hotline sehr zu schätzen.

Und draußen im Hausflur befindet sich diese vollkommen hilflose Frau ebenfalls in der Warteschleife ihres Mutter-Daseins. »Lina, kommst du jetzt bitte??!!« Mutti ruft von ganz oben, damit es auch der letzte Hausbewohner noch mitbekommt.

Und endlich kann auch meine Kollegin am Telefon einen vollständigen Satz loswerden. »Magst du nicht am Sonntag zu uns zum Kindergeburtstag kommen?«

Und wie ich mag.

Mein Fazit des Tages:
Kinder sind immer Erster.
Eltern verharren geduldig in der Warteschleife.

1. Schau'n wir mal, dann sehen wir schon.

Moderne Mütter und Vater warten geduldig auf die ultimativen Entscheidungen ihrer Söhne und Töchter: beim Bäcker, in der Eisdiele oder im Coffee Shop. Das Leben ist eine Chill-out-Area und Eltern relaxen in der konfliktberuhigten Erziehungszone.

2. Noch Fragen?

In aller Seelenruhe erforschen sie die Bedürfnisse ihrer Kinder: Möchtest du gerne, würdest du bitte, magst du vielleicht …?

3. Raus mit der Sprache!

Man nehme sich: Zeit. Jeder noch so unwichtige Sachverhalt

muss in allen Einzelheiten erörtert, erklärt und ausdiskutiert werden.

MEIN TIPP:

Bitte denken Sie daran, wenn Sie das nächste Mal in einer Mutter-Kind-Warteschleife am Telefon stecken. Oder wenn es an der Baumarktkasse nicht weitergeht, weil der Sohnemann sich einen kleinen Schraubenzieher aussuchen soll. Der Papa muss ihm nur noch kurz den Unterschied zwischen Kreuz und Schlitz erklären ... So viel Zeit muss sein!

»Halbzeit«

Ein Ort der Bildung

Larissa hat heute Spätdienst. Das bedeutet, sie kann länger schlafen, auch Lenny könnte, wenn er wollte. Das weiß ich deshalb so genau, weil mein kleiner Kumpel von oben an diesen Tagen sehr gerne schon um sechs Uhr in der Früh Fußball spielt. Im Wohnzimmer. Larissa stört das aber nicht. Ich nehme an, unsere Narkosespezialistin hat da vorgesorgt. Da gibt's ja sicher was von *ratiopharm*. Wenn ich Larissa das nächste Mal sehe, bitte ich sie um ein Rezept. Ich werde heute also sehr früh auf sein und mir den Bericht von Birgit K. anhören, wenn es in der Kita »Pusteblume« mit Frau Dr. Klenke zum finalen Showdown kommt. Ich freue mich auf eine Live-Schaltung zu Oscar und seinem besten Papafreund und fühle mit dem Personal der Kindertagesstätte »Wollmäuse«, das Pollys Mutter ganz langsam in den Wahnsinn treibt. Für Winni, die Mutter von Shoppingqueen Leonie, bricht heute eine Konsumwelt zusammen und Lea findet ihren Platz in der Gesellschaft mitten auf der Bergmannstraße.

Doch zuerst bin ich mit der schwangeren Martha auf einen Bockshornkleesamen-Tee verabredet, sie ist seit der ersten Morgenübelkeit mit der Suche nach einer geeigneten Krippe oder Kita beschäftigt. Denn man kann das Leben des Nachwuchses nicht früh genug planen. Sie ist selbstverständlich nicht die einzige. Dass sich ein Zahnarzt wünscht, sein Sohn übernähme eines Tages die Praxis, ist nicht neu. Und spätestens pünktlich zum Abitur wurde die leidige Diskussion dann an die Oberfläche gespült. Früher. Heute beginnt die perfekte Lebens- und Karriereplanung eines Kindes bereits vor der Befruchtung der Eizelle der Zahnarztfrau. Profi-Eltern überlassen nichts dem Zufall und treiben nicht einfach ins »Abenteuer Kind« hinein, sie entwerfen akribisch einen Plan:

- der exakte Zeitpunkt
- der ideale Entbindungsort
  (Castrop-Rauxel macht sich nicht so gut, Leipzig ist im Kommen ...)
  Eine Erzieherin berichtete, dass man sich in einer angesagten Berliner Klinik bis zur 12. Schwangerschaftswoche angemeldet haben muss. Danach geht gar nichts mehr.
- der Geburtstermin
  (Kaiserschnitt sei Dank, den kann man genau zwischen Powerpoint-Präsentation und Zumba-Kurs legen.)
- der Vorname
  (*Nomen est omen*, wie wir wissen; hier wird ein weiterer wichtiger Meilenstein gelegt. Eine Ann-Marie Apple Peaches hat ganz andere Chancen als eine Marianne.)
- die Suche nach der besten Kindertagesstätte
  (Dabei orientiert man sich vorzugsweise an Einrichtungen, die Namen tragen wie »be smart activity center« oder »PHORMiniS Early-years-education«.)

Bis die glücklichen Eltern also ihren Stammhalter im Arm halten, ist schon an vieles gedacht worden. Und dann geht der Spaß erst los. Gesunde Ernährung, giftstofffreie Kleidung, politisch korrektes Spielzeug, die Auswahl der richtigen Freunde und so weiter und so fort.

Somit sind auch Martha und ich thematisch festgelegt.

»Ich hab immer noch keinen! Dabei soll ja angeblich jeder einen bekommen!«, stöhnt sie.

»Früher haben wir *die* genommen, *die* am nächsten liegt«, sage ich, starre auf diesen riesengroßen Bauch unter dem hautengen Pulli und habe Angst, der kleine Erdenbürger würde in genau diesem Moment auf die Welt kommen – und das ohne Kita-Platz! »Über zwanzig Einrichtungen habe ich mir schon angeguckt. Die letzte wurde mit Fertiggerichten beliefert, noch nicht mal selber kochen können die da!«

»Und in einer Kita sprachen die nicht eine einzige Fremdsprache!«

Ist das nicht gut so, denke ich, das Kind würde ja auch kein Wort verstehen.

»Und die meisten hatten auch kein Besinnungs- oder Meditationsangebot. Das finden wir aber total wichtig. Wegen der Ausgeglichenheit.« Früher hieß das Mittagsschlaf und so weit ich weiß, bietet das jeder gut sortierte Kindergarten auch heute noch an. Natürlich ist mir bewusst, dass die pädagogische Einrichtung 2.0 mindestens Chinesisch ab zwei im Angebot hat (wahlweise einen Grundkurs Latein), dazu selbst gemachte frische vegetarische Bio-Kost, Mini-Meditation, Hochbegabtenförderung und selbst geschrotetes Müsli zum gemeinsamen Demeter-Frühstück. Und genau danach sucht Martha.

»Na, das kann ja so schwer nicht sein.« Ich lächle aufmunternd und verabschiede mich.

Von wegen: Spielt mal schön!

Der Kita-Alltag der lieben Kleinen muss von anspruchsvollen sozialpädagogischen Konzepten begleitet werden. Spontane Putzaktionen gehören nicht dazu! Auch die guten alten Malbücher haben ausgedient, weil sie nicht die Kreativität des Kindes fördern. Nur ausmalen? Wir sind doch hier nicht im Kindergarten! Kinder müssen Französisch lernen, Fagott spielen und beim Kids-Yoga den Sonnengruß perfekt beherrschen. Die Berliner Erzieherin Vivien O. erklärte mir, dass die Einrichtungen für Kinder von null bis sechs Jahren heute »Ein Ort der Bildung« seien. Das pädagogische Personal sei Dienstleister, die Eltern Kunden. Und der Kunde ist ja bekanntlich König. Die Träger der Einrichtungen bemühten sich um den anspruchsvollen Kunden mit immer hochtrabenderen Lernprogrammen, was vor allem die gebildete Eltern-Elite ungemein beruhige. Auch eine Grundschullehrerin bestätigte, dass eine spezielle Elternklientel geradezu hofiert werde: »Das ist gut fürs Image der jeweiligen Einrichtung und man rutscht im Ranking auf die vorderen Plätze!« So hat man das gerne! Man muss ihnen so viel Arbeit und Verantwortung abnehmen wie möglich. Eine Lehrerin: »Eine meiner Schülerinnen wurde auf Anraten der Lehrer von einer Logopädin behandelt. Diese bat bei einem Gespräch den Vater des Kindes, zur sprachtherapeutischen Unterstützung eine bestimmte, einfache Übung mit dem Strohhalm zu Hause durchzuführen. Nur fünf Minuten am Tag reichten schon! Doch der Vater lehnte ab: Das sollen die im Hort machen!« Ja, wo kommen wir denn da hin? Wofür gibt es denn Profis?! Der nächste Schritt könnten getrennte Wohnungen sein. Soll ja auch bei Paaren helfen, die sich wegen Zahnpastatuben fetzen. Warum also nicht betreute Kleinkinder-Wohnprojekte? Sicher hört man bald Sätze wie: »Unser Benjamin hat ja jetzt sein eigenes Appartement. Seitdem ist unser Eltern-Kind-Verhältnis viel entspannter!«

Eltern wollen sicher sein, dass die Tage optimal durchgeplant und ihre Kinder von Experten geschult werden. Dazu gehört auch, dass die kleine Mia nicht einfach in der Puppenecke vor sich hin vegetiert, sondern individuell, anspruchsvoll und optimal gefördert wird. Früher haben die Staatlich anerkannten Erzieher noch selber mit den Kindern gesungen, gemalt, geturnt. Dafür gibt es heute Fachkräfte. Montags kommt der Bewegungstherapeut, dienstags der Musikpädagoge, mittwochs der Englischlehrer und donnerstags der Kunsttherapeut. Je nach Einrichtung variiert das selbstverständlich: Französischlehrer, Selbstverteidigungstrainer, Theaterpädagogin usw.

Die Erzieher dürfen die dazugehörigen Wochen- und Monatspläne mit bildungsorientierten Aktivitäten erstellen, das freie Spiel findet (offiziell) kaum noch statt. Weil dann nichts stattfindet. Und das geht gar nicht!

Die meisten Eltern sind berufstätig, auf einen Krippen- oder Kita-Platz angewiesen und natürlich heilfroh, wenn sie einen bekommen haben. Doch dann fangen viele Probleme nach Aussagen der Erzieher erst an! Trennungsschmerz, Ängste, Sorgen. Plötzlich müssen Eltern fremden Menschen ihr geliebtes Kind anvertrauen! Sind die überhaupt geeignet, unseren Goldschatz zu hüten? Hier gilt deshalb der gute alte Spruch: Vertrauen ist gut, Kontrolle ist besser. Dazu die Sozialpädagogin Margit S. aus Köln:»Es gibt Eltern, die würden ihrem Kind am liebsten einen Chip einpflanzen, dann könnten sie es rund um die Uhr überwachen – und die Erzieher gleich mit.« Bis wir so weit sind, finden sie andere Mittel und Wege: zum Beispiel jeden Tag einen minutiösen Bericht über die Tätigkeiten des Nachwuchses. Wann hat er was und wie viel gegessen; was und mit wem gespielt; wie lange waren die Kinder draußen, hat er geschaukelt, gerutscht oder nur im Sand gespielt?« Dazu Kornelia D.: »Es soll nicht nur am besten alles dokumentiert werden, die Eltern möchten auch bei den banalsten Anlässen angerufen und informiert werden. ›Wie, Lola hat sich den Kopf gestoßen!?

Warum hat mir niemand Bescheid gesagt!?‹ Vollkommen egal, dass Lola weder eine Beule noch Schmerzen hat. Auf die Idee, dass wir so eine Situation selber einschätzen und bewerten können, kommen die gar nicht!«

Nein, im Gegenteil! Der Trend geht zur Überwachung: Gleich zwei Erzieherinnen berichteten von einer Flut an Listen, die zu den unterschiedlichsten Gelegenheiten geführt werden müssen. In einer Krippe füllen die Kinderpflegerinnen und Erzieher für die Eltern der unter Zweijährigen jeden Tag (vorgedruckte) Listen aus: Was hat das Kind gegessen? Wie viel hat es gegessen? Hatte es Stuhlgang? Wie war er beschaffen? Wie lange hat es geschlafen, wie viel gespielt? Womit? Mit wem? Das gibt den Eltern das gute Gefühl, dabei gewesen zu sein.

In einer Einrichtung gibt es eine »Gartenliste«, in die muss der kontrollierende Pädagoge Datum und Uhrzeit eintragen, nachdem er das Außengelände inspiziert hat (man kennt das von öffentlichen Toiletten), denn erst dann darf der empfindliche Nachwuchs raus. Es könnte irgendwo Katzenkacke rumliegen. Nicht auszudenken, wenn ein Vogel aufs Spielgerüst geschissen hätte! In einem bevorzugten Berliner Wohngebiet muss der Außenbereich einer Kita vor allem auch nach Spritzen abgesucht werden. Bahnhof Zoo ist überall! Neuerdings fahren die Junkies wohl an den Stadtrand, weil es sich da nobler fixen lässt. Und jetzt stellen wir uns mal das Unvorstellbare vor: Ein Kind hat sich beim Spielen draußen verletzt. Eine Schramme! Mit einem Pflaster und Pusten ist der Vorfall noch lange nicht erledigt. Eine Liste muss her! In einem mir geschilderten Beispiel ist es ein Notfallheft, in dem genau dokumentiert wird, wann sich wer wo wie verletzt hat. Wer hat Erste Hilfe geleistet? Wer war Unfallzeuge? Wie war der Unfallhergang? Je mehr

Listen eine Einrichtung führt, desto höher bewertet wird ihr Qualitätsmanagement! Es werden Gruppenbücher geführt, Anwesenheits- und Essenslisten. Der Fantasie sind keine Grenzen gesetzt! Sollten Sie noch ein paar Ideen haben, zögern Sie nicht; auch in der Einrichtung Ihres Kindes ist man für innovative Vorschläge dankbar! Jetzt mag sich mancher besorgt fragen: Bleibt da noch Zeit für das ganz normale Kita-Programm? Natürlich! Es gibt die Themenwoche Versöhnungsrituale, bald sicher auch Farsi für Fortgeschrittene, Schneiden für Linkshänder und autogenes Training (wahlweise: Mittagsschlaf). Zwischendurch gruppenübergreifende Interaktionen auf freiwilliger Basis.

Kaum können sie auf ihren krummen Beinchen stehen, wird das gewaltige, brachliegende Potenzial aktiviert: Fremdsprachen, musikalische Früherziehung und vorzugsweise asiatische Kampfsportarten.

Dazu die Erzieherin Kornelia D.:»Da staunt man schon, wenn kleine pummelige Hummelkinder ins Ballett geschickt werden. Oder total unmusikalische Kinder, die noch nicht mal den einfachsten Takt halten können, Cello, Geige oder Oboe lernen müssen.«

Bei der Gelegenheit möchte ich Ihnen nicht vorenthalten, dass das gute alte Schwimmen bei den Kindern erfreulicherweise immer noch hoch im Kurs steht. Oder bei den Eltern. Allerdings nicht nur so zum Spaß, ein Seepferdchen-Abzeichen muss schon drin sein. Dennoch schwimmt das Kind von heute anders: Es trägt Neoprenanzug. Im Hallenbad. Es könnte sich verkühlen. Und sollte tatsächlich mal ein Kind in einer schnöden Badebuxe auftauchen, dann ist garantiert eine Mutter zur Stelle, die einen Taucheranzug empfiehlt. Weil's einfach besser ist.

Stürzen wir uns nun wieder ins Getümmel, in den Kitas ist auch an diesem Tag jede Menge los.

Sonderwünsche & Extrawürste (Teil 3)

In der Kindertagesstätte «Wollmäuse», zum Beispiel. Erzieherin Mariele schildert für uns eindrucksvoll und mit viel Temperament Maditas vorerst letzten Aufstand:

Madita stand morgens im Gruppenraum und wedelte statt Begrüßung hysterisch mit den Händen durch die Luft. »Was riecht denn hier so eklig? Das ist doch wohl kein Räucherstäbchen?!« »Doch. Sandelholz, das riechen die Kinder sehr gerne.« Ganz oben auf dem Schrank in der hinteren Ecke, unerreichbar für die Kinder, räucherte ein kleines Stäbchen friedlich vor sich hin. »Das ist krebserregend! Das muss hier sofort raus!« »Keine Sorge, die sind ohne synthetische Zusätze.«

(Mariele beteuert an der Stelle, sie sei freundlich und ruhig geblieben. Und das, obwohl sie Madita schon draußen vor der Tür rauchen gesehen und mehrfach Nikotingeruch an Pollys Kleidung wahrgenommen hat.) »Wenn die nicht verschwinden, spreche ich mit deiner Chefin. Das ist fahrlässige Körperverletzung!«

(Mariele sagt, sie hätte gelächelt und genickt. Obwohl sie wusste, dass die Leiterin der Einrichtung dringend darum gebeten hatte, man möchte ihr Pollys Mutter bitte vom Hals halten.) Maditas Missionierung ging weiter:

»Ich habe außerdem darum gebeten, dass ihr keine Feuchttücher mehr verwendet. Ich habe an Pollys Po gerochen! Ihr habt Feuchttücher benutzt!« (Mariele versichert, sie wusste nicht mehr, ob sie lachen oder weinen sollte. Denn sie musste sich vorstellen, wie Madita jeden Nachmittag an Pollys kleinem Hintern schnupperte, um die bösen Erzieherinnen zu überführen.)

»Und noch etwas: Polly soll keinen Zucker bekommen!«
(Jetzt war aber »Schluss mit lustig«.)

»Bei uns bekommen die Kinder einen Nachtisch. Einen Pudding oder ein Stück Kuchen. Natürlich ist da auch mal Zucker drin. Das ist ja nicht schädlich.« Madita verdrehte nur die Augen: »Doch. Polly soll sich gar nicht erst an Zucker gewöhnen.« Nun hatten die Erzieherinnen der »Wollmäuse« ein echtes Problem. Denn beim Mittagessen bekommen alle Kinder ihren heiß geliebten Nachtisch. Nur die kleine Polly sollte ab jetzt leer ausgehen. Was für eine Quälerei. Da flossen natürlich Tränen.

Und was hat Mariele gemacht?

»Wir haben den Nachtisch abgeschafft!«

Ordnung muss sein! (Teil 3)

Manchmal muss man unpopuläre Entscheidungen treffen! Frau Berger-Moll ist ebenfalls eine mutige Vorreiterin, man kann es eben nicht allen recht machen. Chrissi H. und ihre Kollegin mussten den Schock von gestern erst mal verdauen. Dass Frau Berger-Moll in ihrem Aktenschrank für Ordnung gesorgt hatte, haben die beiden erst später bemerkt. Als aber am Nachmittag eine strahlende Frau Berger-Moll die Einrichtung betrat und stolz auf ihr jüngstes Werk zeigte, da verschlug es den Erzieherinnen die Sprache. »Ich hab hier mal Ordnung gemacht! Da blickt ja kein Mensch durch!« Chrissi, die Gruppenleiterin, war sprachlos. Sollte sie sich bei der Rechtsanwältin jetzt etwa bedanken oder ihr doch lieber die Grenzen aufzeigen? Sie tat weder das eine noch das andere. Vielleicht sollte man das ganze auch nicht dramatisieren. Frau Berger-Moll war eben besonders

»hilfsbereit«, sie brachte sich gerne in den Kita-Alltag ein. Lauschen wir dem aktuellsten Bericht von Chrissy H.:

Auf dem Programm stand ein Ausflug in den Zoo, und wir hatten zuvor ein paar Eltern gefragt, ob sie Lust hätten, die Gruppe als Aufsichtspersonen zu begleiten. Frau Berger-Moll hatte abgesagt. Sie hätte keine Zeit für einen Ausflug in den Zoo, stattdessen nahm sie sich an diesem Vormittag noch einmal unseren Gruppenraum vor. Das sagte sie uns natürlich nicht, das sahen wir erst, als wir zurückkamen. Ihre Erklärung: Sie hätte für uns mal ein intelligentes Ordnungssystem geschaffen. Und so sortierte sie die Gruppenspiele in den rechten Schrank (allerdings ohne auf die Altersangaben zu achten), das Malpapier wurde auf den Schrank verfrachtet. Nun kamen die Kinder zwar nicht mehr dran, aber dann mussten sie eben fragen. Meinte Frau Berger-Moll. Die großen Kisten mit den Legosteinen füllte sie um in kleinere (die Großen brauchte sie für die Holzbausteine). Frau Berger-Moll wirbelte alles durcheinander, dann kam sie zum vereinbarten Treffpunkt, wo alle Eltern ihre Kinder nach dem Zoobesuch abholten. Dort angekommen, verriet sie kein Wort über ihre Wohltat, es sollte wohl eine Überraschung für uns sein. Nachdem wir die Bescherung gesehen hatten, beschlossen wir, mit Frau Berger-Moll ein Gespräch zu führen. Ach, übrigens auch wegen Benjamin. Der machte nämlich nach wie vor seit Wochen beinahe jeden Tag in die Hose, was Frau Rechtsanwältin aber überhaupt nicht schlimm fand bei einem Vierjährigen. Meistens nahm sie ihn am Nachmittag einfach mit nasser Hose mit nach Hause. Sie könnte, so betonte sie, ihren Sohn ja schlecht mit nacktem Hintern ins Auto setzen.

Eine derart engagierte Mutter wie Frau Berger-Moll wünscht sich doch jeder Kindergarten! Ärmel hoch und einfach mal mit anpacken! Brauchen wir nicht mehr von diesen Erziehungsberechtigten?

Wenn der Vater mit dem Sohne (Teil 3)

Aber es geht ja immer noch besser! Seit einigen Tagen brüllt Oscar stundenlang die ganze Kindertagesstätte »Bärenhöhle« zusammen, weil sein Papa ihn abholen soll. Der Zweieinhalbjährige fängt schon am Vormittag an nach seinem Papafreund Peter zu fragen und fällt dann nach endlosem Geschrei erschöpft in den Mittagschlaf. Kaum aufgewacht, geht das Theater gegen 15 Uhr weiter und hört erst um 16.20 Uhr auf, wenn er endlich da ist. Und alle Erzieherinnen atmen auf. Die «Bärenhöhle» schließt gewöhnlich um 16.30 Uhr ihre Pforten, deshalb werden die Eltern gebeten, zehn Minuten früher zu kommen, da erfahrungsgemäß das Einfangen und Anziehen ihrer Töchter und Söhne eine gewisse Zeit in Anspruch nimmt. Auch das Personal möchte mal nach Hause. Conny B.:

Als Papa Peter heute die Höhle unserer kleinen Bären betritt, hat Oscar eine neue, grandiose Idee. Oscar möchte nämlich nicht nach Hause gehen. Er will noch Ball spielen – und zwar mit seinem Papa im großen Spielzimmer. Um diese Uhrzeit hat man den Raum schließlich für sich ganz alleine. Oscar ist mächtig stolz auf seine tollen Ideen! Peter ist (wie immer) etwas verunsichert, und er sieht mich am Ende des Flurs stehen, wie ich diskret auf die Uhr schaue. Ich möchte an dieser Stelle betonen, dass uns sehr viel an einem guten Verhältnis zu den Eltern liegt.

Aber das aufrechtzuerhalten ist manchmal schwerer als die Erziehung der Kinder. Und Peter und Oscar sind ein echter Härtefall. Zuerst geht Peter mal in die Knie, Augenhöhe ist ja immer gut. Damit kann man gar nichts falsch machen. »Schau mal, Oscar, wir wollen uns doch mit der Mama im Kindercafé treffen und Waffeln essen.« Ohne Vorwarnung fängt Oscar an zu brüllen. Damit kann man aus Oscars Sicht gar nichts falsch machen. Da verfügt er über einen aussagekräftigen Erfahrungsschatz. Gut herauszuhören ist immerhin der Befehl, Papa solle sofort seine Schuhe ausziehen und mit ihm Ball spielen.

Nun schaut Peter wieder (immer noch unsicher) rüber zu mir. Und als ich nichts sage, hält Papa das für ein stilles Übereinkommen zwischen ihm und mir, er zieht brav die Schuhe aus und stürmt mit seinem kleinen Freund ins große Spielzimmer. Das Geschrei verstummt augenblicklich. Die Uhr tickt, es ist jetzt kurz vor halb fünf, ich räume weiter auf. Da höre ich Bella schreien. Ich hatte eigentlich angenommen, sie sei mit ihrem Vater längst gegangen. Doch die Dreijährige hat ihre Jacke wieder ausgezogen und auf den Boden geworfen. Jetzt nimmt sie ihren Vater an die Hand und ruft: »Ich will auch ins große Spielzimmer!« Der Papa blickt sein Töchterchen verdutzt an und antwortet: »Das geht leider nicht, der Papa hat einen wichtigen Termin.« Das war sicher eine unüberlegte Antwort, da hätte sich der Matthias etwas mehr Mühe geben können. Denn nun schreit Bella wie am Spieß! Das hätte ich ihm gleich sagen können. Außerdem sind Bella und Oscar dicke Freunde. Was fällt ihrem Vater also ein?! Doch der Termin muss extrem wichtig sein, denn Matthias versucht tatsächlich, noch exakt genau einmal hart zu bleiben. »Nein, heute geht das nicht. Wir müssen jetzt gehen.« Aber auf Bella kann man sich verlassen. Nun spult sie das ganze Programm ab: kreischen, trampeln, auf

90

den Boden werfen. Matthias ist kurz vor der Niederlage und der letzte Akt vor der Kapitulation ist immer der Blick zum Fachpersonal. Ich schaue statt einer Antwort nur stumm auf die Uhr. Kurz nach halb fünf. Es muss etwas Bejahendes in meinem Blick liegen. Anders kann ich mir die Reaktion nicht erklären. Bellas Vater streift schnell seine Schuhe ab und stürmt mit seinem nun strahlenden Töchterchen ins Spielzimmer. Der Mann hat Nerven, alle Achtung!

Während meine Kolleginnen ihre Gruppenräume aufgeräumt und die Pläne für den nächsten Tag vorbereitet haben, bin ich mit meiner Arbeit etwas im Verzug. Bella und Oscar nehmen derweil das Spielzimmer nach allen Regeln der Kunst auseinander. Matthias und Peter haben es sich in den Kissen gemütlich gemacht und plaudern miteinander. Die ganze mühsame Arbeit des Sortierens und Aufräumens ist dahin, die beiden Kinder verwandeln das Spielzimmer in einen Ort der Verwüstung. Die Papas kümmert das nicht. Überhaupt scheinen sie alles andere irgendwie vergessen zu haben. Und für Oscar und Bella ist das hier ein unendlicher Spaß …

Ich stelle mir vor, wie Oscars Mama im Kindercafé sitzt und auf die kalten Waffeln starrt. Und was mochte sich hinter Matthias' Termin verbergen? Bellas Vater ist Musiker, nun warten sicher wichtige Plattenbosse mit dem Rest der Band auf den Gitarristen, und die internationale Karriere scheitert, weil Bella heute Bock auf Spielen hatte. Ein Dilemma! Etwa zehn Minuten später dringt wahrscheinlich genau das in Matthias' Bewusstsein, denn ich höre ihn sagen:»Bella, wir müssen jetzt aber bitte los.« Bitte, bitte. Lost in education. Nun beginnt das Theater wieder von vorne. Aber der Papa hat die rettende Idee! Wie gut, dass seine Tochter so gerne Süßes mag. In der Teeküche steht noch Schokoladenkuchen vom Vortag und damit wird die Dreijährige nun Stück für Stück aus der »Bärenhöhle« gelockt. (Anmerkung der Autorin: Übrigens gibt es Eltern, die haben jeden Tag ein Bestechungsleckerchen dabei, mit dem sie die Kinder aus der Kita lotsen. Mal ist es eine Brezel, mal ein Muffin, mal ein Lolly …)

Mittlerweile ist es fünf vor fünf, ich erledige die anstehenden Büroarbeiten und höre, wie nun auch Peter versucht, mit seinem Sohn das Spielzimmer unbeschadet zu verlassen. »In fünf Minuten müssen wir aber mal unsere Schuhe anziehen, Oscar. Bitte.« Bitte, bitte. Gefangen in der unerbittlichen Warteschleife des Elterndaseins. Und nichts geschieht. Niemand hilft. »Oscar, der Papa möchte jetzt bitte gehen.« Doch Peter hat Glück, die Rettung naht! Ich, eine von vielen Heldinnen des Alltags, werfe mich selbstlos in die Erziehungsschlacht.

Denn um Punkt 17 Uhr habe ich die Nase voll. Meine Kolleginnen sind bereits gegangen. Auf mich warten zwar weder frische Waffeln noch Plattenbosse, ich will einfach nur Feierabend haben. Und so gehe ich schnurstracks ins Spielzimmer, nehme den kleinen Rabauken an die Hand und sage seelenruhig: »So, Schluss für heute, der Kindergarten schließt jetzt. Morgen kannst du weiterspielen.«

Gut gemacht, Conny! Aber vielleicht sollte man trotzdem mal darüber nachdenken, flexiblere Öffnungszeiten einzuführen. Das würde vieles erleichtern.

Und einstweilen kann ich mir die Vorstellung nicht verkneifen, wie Oscar später auch im Kaufhaus die Durchsage »Liebe Kunden, das Kaufhaus schließt in zehn Minuten …« überhört und sich in die Bettenabteilung zum Probeliegen zurückzieht. Denn dann ist es da so schön ruhig …

Notruf

Eine weitere wirklich bemerkenswerte Geschichte zum Thema »Wie bekomme ich mein Kind nach Hause?« erzählte mir eine andere Berliner Erzieherin:

James machte jeden Nachmittag ein riesengroßes Theater, doch nur wenn sein Vater ihn abholen kam. Der Dreijährige wollte nicht nach Hause. Er lief seinem Vater weg, ließ sich nicht anziehen und wenn nötig, trat er ihm auch mal vor lauter Wut gegen das Bein. Was sollte er machen? Er hätte sich den schreienden und zappelnden Jungen einfach unter den Arm klemmen können, aber das entsprach vermutlich nicht seinem sanften und allseits verständnisvollen Erziehungsstil. Nach mehrmaligem »James, komm bitte. Wir müssen nach Hause. Zieh bitte deine Schuhe an« und so weiter und so fort kapitulierte der Papa. Immer. Und so musste Hilfe her! Normalerweise werden wir, die Erzieher, zu Rettern in allerhöchster Not, aber bei James und seinem Vater war das anders. Die nächst höhere Instanz wurde eingeschaltet: Mutter! Beziehungsweise zugeschaltet. Per Telefon. Völlig verzweifelt rief James' Vater seine Frau an, gab den Hörer weiter an den Junior, der lauschte den mahnenden Worten seiner Mutter und danach ließ er sich widerstandslos anziehen und nach Hause bringen. Was nach einem triumphalen Sieg klingt, war aber in Wirklichkeit eine hochnotpeinliche Veranstaltung für den Erzeuger und Erziehungsberechtigten. Er mochte uns in diesen Momenten nicht in die Augen schauen.

Warum eigentlich? James' Papa ist doch schlau! Er lässt seine Frau die Drecksarbeit erledigen. Und die muss dafür noch nicht mal selber in die Schlacht ziehen, nur zum Hörer greifen. So ist doch allen irgendwie gedient.

Weckruf

An dieser Stelle möchte ich Ihnen eine schöne Anekdote zum Thema »Problemlösung leicht gemacht« nicht vorenthalten, die mir die Berliner Grundschullehrerin Ingrid B. erzählt hat:

Luis kam ständig zu spät und er litt darunter. Denn das Schulgebäude zu betreten, wenn der Unterricht bereits begonnen hat, ist für die meisten Schüler unangenehm. Außerdem wusste Luis, dass wir mit unserer Begrüßung und dem »Frühprogramm« schon angefangen hatten. Er platzte immer als Letzter herein. Das behagte dem Zehnjährigen überhaupt nicht, aber seine Mutter schaffte es einfach nicht, ihn pünktlich in die Schule zu schicken. Dabei wohnte die Familie nur fünf Minuten entfernt! Nachdem ich bei der Mutter mehrfach gescheitert war, schlug ich ihm vor, sich einen Wecker schenken zu lassen. Somit wäre er von seiner unzuverlässigen Mutter unabhängig, in Zukunft pünktlich und sein Seelenheil wäre wieder hergestellt. Die Idee gefiel ihm. Luis wünschte sich einen Wecker zum Geburtstag, ich erklärte ihm, welche Zeit er einstellen sollte, und der Junge kam von nun an jeden Morgen rechtzeitig zum Unterricht. Luis war total stolz auf sich! Und er musste nie mehr das blöde Gefühl haben, sich in eine bereits begonnene Unterrichtsstunde zu schleichen! Tja, mit den Kindern kann man reden, mit den Eltern leider nicht.

Hoffentlich schmeißt er jetzt nicht jeden Morgen seine Mama aus dem Bett …

Schrei mich nicht an!

Nicht immer haben die Pädagogen eine Patentlösung parat. Im folgenden Fall war die Erzieherin Caren T. aus dem Ruhrgebiet machtlos:

Eines Tages kam Williams Mutter zu mir und bat mich um Rat. William war erst seit drei Monaten in unserer Einrichtung. Die Eltern waren aus England hierher gezogen. Er war fünf Jahre alt, völlig unauffällig, sozial gut integriert. Er lernte unsere Sprache schnell und wir hatten keinerlei Probleme mit ihm. Seine Mutter war eine freundliche und zurückhaltende Frau. Auch sie sprach schon ganz gut Deutsch. Ich wunderte mich, worüber sie mit mir reden wollte. »William schreit uns an«, sagte sie, und ich hatte den Eindruck, dass es ihr sehr peinlich war. Es erschien mir auch etwas abwegig. William war kein aggressives Kind. »Er schreit sogar seinen Vater an«, fügte sie hinzu, als sei das noch ein bisschen ungeheuerlicher. Ich versicherte ihr, dass ich dafür keine Erklärung hätte. Doch sie wiederholte noch einmal: »Er schreit zu Hause nur rum, das ist furchtbar!« Ich lud sie ein, an einem Morgen zu hospitieren, damit sie ihren Sohn im Kindergarten-Alltag beobachten könne. Sie sagte zu. Am besagten Morgen nahm Williams Mutter im Gruppenraum Platz. Der Junge freute sich, dass seine Mama zu Besuch war, aber er verhielt sich genauso wie an den anderen Tagen auch. Was seine Mutter betraf, so bekam ich zunehmend den Eindruck, dass sie sich nicht wohl fühlte. »Alles in Ordnung?«, fragte ich sie mehrfach, sie nickte nur, doch ihr Gesicht sprach Bände. Gegen Mittag, kurz bevor sie mit William nach Hause gehen wollte, ging ich mit ihr in mein Büro und fragte sie nach ihrem Eindruck. Sie sah sehr zerknirscht aus und antwortete: »Die schreien ja hier alle so!«

Williams Mutter muss sich an den Geräuschpegel in deutschen Einrichtungen wohl erst noch gewöhnen. Der ist zwar völlig normal, hinterlässt aber seine Spuren. Nicht nur bei den Erziehern. Bei einer durchschnittlichen Lärmbelastung von 80 Dezibel dürfen alle, ob Groß oder Klein, keine Weicheier sein. Man nimmt fälschlicherweise an, die Erzieher würden die Kinder anschreien – dem ist aber nicht so. Die unterhalten sich einfach nur ganz normal. Daher rührt auch das Missverständnis, die Kinder würden nicht mehr hören. Das stimmt so nicht: Sie können es einfach nicht.

Bei mehreren Studien waren überschrittene Lärmgrenzen von 80–85 Dezibel in Kindertagesstätten keine Seltenheit. Ab 85 Dezibel ist übrigens ein Gehörschutz im gewerblichen Arbeitsbereich vorgeschrieben. Dazu sagt Prof. Dr. Gerhard Zicha, Experte für Umwelttechnik an der Fachhochschule Landshut: »In einer bayerischen Kreisstadt wurde in zwei Kindergartengruppen der Geräuschpegel beim Spielen, Essen und Turnen gemessen. Der jeweils über fünfzehn Minuten gemessene Schallpegel bewegte sich zwischen 87,8 und 92,7 Dezibel. Dies entspricht dem Lärm eines Presslufthammers in sieben Meter Entfernung.«*

Schon eine regelmäßige Belastung von 65 Dezibel kann Konzentrations-, Schlaf- und seelische Störungen hervorrufen. Viele Erzieher sagen, dass sie immer lauter sprechen, damit sie von den Kindern überhaupt noch gehört werden. Umgekehrt ist es

* Quelle: www.spielundzukunft.de Lärm – Warum er Kinder krank macht.

genauso. Die lieben Kleinen müssen sich Gehör verschaffen, da hilft nur eine große Klappe!

Verlassen wir für einen Moment die geräuschvolle Welt der Kindertagesstätten und gehen mal wieder selber auf Entdeckungstour.

Der ganz normale Wahnsinn: Von Puppenmüttern im Sitzstreik, betonharten Türstehern, Nachwuchs-Anarchisten und Quotenmüttern in Führungspositionen

Schon nach kürzester Zeit ist klar. Alles ganz normal. Dieser Mittwoch ist nicht anders als andere Tage. Überall diese liebenswerten kleinen Chaoten mit ihren verständnisvollen Eltern … Ein komprimierter Erlebnisbericht:

Ich werde als nächstes Lea kennenlernen, das weiß ich nur noch nicht. Eigentlich möchte ich einfach nur einen Kaffee trinken und entscheide mich für ein Café an einer beliebten und belebten Einkaufsstraße. Draußen sind noch Tische frei, und schon bald besetzen zwei Damen den Tisch neben mir. Eine der beiden hat (um das zu erfahren, muss ich gar nicht besonders aufmerksam zuhören) vor drei Jahren Lea in die Welt gesetzt. Diese steht verträumt auf dem Gehweg, während ihre Mutter (Pina) und deren Freundin (Hilla) sich nicht zwischen Karotten-Ingwer-Suppe und Tabouleh entscheiden können. »Lea, möchtest du dich nicht zu uns setzen?« Lea schüttelt den Kopf, und an dieser Stelle frage ich mich, ob das nonverbale Kopfnicken und -schütteln mittlerweile das Sprechen abgelöst hat. Eltern reden, Kinder nicken. Pina und Hilla schleudern sich erwar-

97

tungsgemäß die Wörter nur so um die Ohren. Hillas Söhnchen Maurice, so viel ist nach zwei Minuten ebenfalls klar, befindet sich zu diesem Zeitpunkt in der Kindertagesstätte »Bullerbü« und Mutti genießt jede Sekunde, denn: »Maurice ist im Moment so anstrengend. Der kämpft alles mit mir aus!« Ich hätte zu gerne gewusst, wie alt der kleine Kämpfer ist. Lea steht noch immer an Ort und Stelle, sie hat sich den Daumen ihrer Puppe in den Mund gesteckt und träumt. Dass sie mitten im Weg steht, stört sie nicht, und ihre Mutter anscheinend auch nicht. Lea ist ein lebendes Hindernis und alle Leute weichen aus. Hillas Redeschwall schwappt von einem Tisch zum anderen, Pina hört andächtig zu und schaut ab und zu nach ihrer Tochter. Die hat sich mittlerweile mitten auf den Gehweg gesetzt und begonnen, ihre Puppe auszuziehen. Die Puppenkleidung verstreut sie großflächig um sich herum. Dazu kommen diverse Accessoires aus ihrer rosafarbenen Kinderhandtasche. Nun haben die Passanten noch weniger Platz, denn wer latscht schon mit Absicht über die schönen Puppenkleider einer entzückenden Dreijährigen? Leas Mutter schaut zu ihr hinüber, und ich rechne damit, dass sie ihr Töchterchen vielleicht bittet, mal an die Seite zu gehen. Wegen der anderen Menschen, die auch auf diesem Planeten leben. »Lea, möchtest du mal von Mamas Karotten-Ingwer-Suppe probieren?« Keine Reaktion. Lea hat der Puppe Hemd und Höschen ausgezogen und die Teile in Richtung des Tisches geworfen. Mit mäßigem Erfolg. Es sieht aus wie auf einem alternativen Kinder-Flohmarkt, nachdem jemand einen Chinaböller gezündet hat. Nun bildet sich genau vor meinem Tisch ein Stau: Denn die Passanten, die von links kommen, müssen warten, bis die, die von rechts kommen, an Lea und ihrer Puppenwäsche vorbeigegangen sind. Alle Gäste im Café betrachten mit Staunen den Menschenauflauf. Alle, außer Pina und Hilla. Die unterhalten

98

sich gerade über die Erzieherin von Lea, die mal wieder irgendwas nicht mitbekommen hatte. Und das geht ja gar nicht! Da könnte ja sonst was passieren! Ich frage mich, wieso Lea eigentlich nicht im Kindergarten ist, da vernehme ich die ersten leisen Proteste:»Warum muss die denn hier mitten im Weg sitzen?« Oder auch mal persönlicher:»Entschuldigung, könntest du vielleicht mal ein Stück zur Seite rücken?« Das prallt an Lea ab. Sie ist es offensichtlich gewohnt, dass man die Welt um sie herumbaut. Ist ja auch gar kein Problem! Schließlich weichen wir ständig aus: vor Hundekacke, Pennern und Scientology-Beratungsständen. Da wäre es mir geradezu ein Vergnügen, Lea auszuweichen. Mittlerweile sind aber einige Unaufmerksame über die Puppenwäsche gelaufen und Lea wird wütend.»Was ist denn los, mein Herz?« Pina ist sofort ganz Mutterohr.»Die treten auf meine Sachen«, jammert das Herz, und Mutter empört sich:»Können die Leute nicht mal aufpassen! Sieht man doch, dass da was liegt.« Sie klaubt die Sachen zusammen, verspricht ihrem Lealein, alles wieder fein zu waschen, und legt das Bündel neben ihre Tochter. Ich verfolge weiterhin fasziniert den Stau und wie die Menschen das Problem der Gehwegverengung lösen. Auf der Autobahn scheitern alle regelmäßig am Reißverschlussverfahren, hier geht's. Man sollte statt Absperrtafeln mit Blinkpfeil kleine Mädchen auf die linke Fahrspur setzen.

Dann sehe ich das Unheil kommen. Ein schwarzer Hund nähert sich Lea von hinten. Und wie das so ist bei Hunden, die schnüffeln gerne mal an allem rum, was ihnen so vor die Schnauze kommt. Leas Schrei geht mir durch Mark und Bein. Es klingt so, als hätte der Hund ihr mit einem Biss das zarte Ärmchen abgerissen. Doch er wedelt lediglich mit dem Schwanz und leckt ihr durchs Gesicht. Noch nicht mal sein Revier hat er markiert! Was für ein freundlicher und kinderlieber Kerl! Sicher, aus Leas Perspektive hat er die Größe eines Ponys, aber wer sitzt auch schon mitten auf dem Bürgersteig? Mutter Pina hat den Suppenlöffel zur Seite und den Stuhl nach hinten geworfen. Sie schreit ebenfalls. Das irritiert den Hund und das Kind noch mehr. Also springt er an Pina hoch zum Zeichen seiner Freude. Möglicherweise will die Frau ja bloß spielen. Ich bin mir sicher, der Hund ist höchstens so alt wie Lea. Nun kommt der Hundebesitzer am Tatort an. Ein entspannter, älterer Herr, der nicht so recht weiß, was eigentlich los ist. Es sieht allerdings schlimm aus: die mittlerweile wieder überall verstreuten Puppenkleider plus Zubehör erinnern an ein Massaker. Pina nimmt ihre kreischende Tochter auf den Arm und beschimpft ihn und seinen »Kampfhund« nach allen Regeln der Kunst. Ganz vorsichtig verteidigt er sich: »Aber das Kind saß doch mitten auf dem Gehweg ...« Da fällt auch noch Hilla über ihn her: »Das Kind darf ja wohl sitzen, wo es will!« Das Herrchen ist so perplex, dass er sich mehrfach entschuldigt, den gemeingefährlichen Hund an die Leine nimmt und sich eiligst von dannen macht. Hilla echauffiert sich lautstark, dass in diesem Land ja Hunde willkommener seien als Kinder, und Pina pflichtet ihr bei: »Kinder müssen sich hier ganz still verhalten. Am besten, man sieht sie gar nicht!« Genau, denke ich. Mitten auf dem Gehweg ist ein prima Platz, da fallen sie keinem zur Last. Hilla schaut auf die Uhr: »Oh, schon so spät! Ich hol schnell Maurice vom Kindergarten ab! Dann können die Kinder hier zusammen spielen.«

Ich würde wirklich gerne noch bleiben und Lealein und ihre Mama näher kennenlernen, aber ausgerechnet heute habe ich keine Zeit. Ich lege ein paar Münzen auf den Tisch, und Lea hat den Stuhl in die Mitte des Bürgersteigs gezogen: »Maurice ist blöd. Der soll da sitzen.«

Leas Mama verfolgt sicher ein höheres Erziehungsziel, mir ist nur noch nicht ganz klar, welches. Ganz sicher möchte Pina, dass Lea »ihren Platz mitten in der Gesellschaft« findet statt am Rand. Dafür müssen andere ihren dann schon mal räumen. Restaurants und Cafés, die Schilder mit »Kinderwagen müssen draußen bleiben!« aufhängen, sind da absolut kontraproduktiv! Wie sollen die kleinen Racker denn gesellschaftsfähig werden, wenn man sie aussperrt!? Außerdem ist es in »kinderfreien Zonen« sehr viel langweiliger. Man knüpft nicht so leicht Bekanntschaften: »Ist das Ihr Kind? Und warum sitzt es an meinem Tisch?« Da gibt es keine kleinen Jungen, die eine Kuchenvitrine öffnen, um mit den Fingern ein Stück von der Käse-Sahne-Torte herauszupulen. Oder kleine Mädchen, die sämtliche Getränkekarten von allen Tischen einsammeln und hinter die Heizungsverkleidung schieben. Oder abends beim Japaner sämtliche Essstäbchen in den Blumentöpfen versenken und die Orchideenblüten zu einem Strauß zusammenbinden.

Mütter gehen besonders gerne mit ihren Kindern in Cafés, früher mit Freundin, heute bevorzugt und/oder ersatzweise mit Kind. Und die Mini-Erwachsenen dürfen sich dann natürlich auch da grenzenlos bewegen und völlig frei entfalten. In einem Interview mit einer Berliner Schauspielerin las ich, dass sie gerne (vor allem mit ihrer zweijährigen Tochter Minze) in Cafés sitzt und Menschen beobachtet. Die viel beschäftigte junge Frau erzählte der Tageszeitung unter anderem, gerade nach langwierigen Dreharbeiten müsse sie »(…) mal ein bisschen Mama sein«. Wahrscheinlich war sie auch nur ein bisschen schwanger … Das ist wohl das ganze Geheimnis, nur nicht übertreiben! Sie freue sich allerdings schon auf den ersten Kinobesuch mit ihrer Tochter, aber – man höre und staune: »Ich werde mit meiner Tochter auch mal schwimmen gehen.« Toll! Was für ein abwechslungsreiches Programm! Ich nehme an, die kleine Minze bekommt dann auch einen schicken Neoprenanzug, weil es ein *bisschen* kalt ist. Diese Mutter erinnert mich an jene Vollblutmami, die bedauerlicherweise noch keinen der versprochenen Kita-Plätze bekommen hat. Sie saß mitsamt ihrem schreienden Kind, das vollständig in einem Tragetuch vergraben war, morgens im Literaturcafé und erklärte ihrer Freundin, dass »es wichtig ist, dass ich mein Baby überall mit hin nehme und dafür sorge, dass wir beide viel kulturellen Input bekommen«. Dem Kind hätte die Brust wahrscheinlich fürs Erste genügt. Oder etwas Luft.

Nun sitzen also Mutter und Kind total gechillt in Gaststätten und beobachten Menschen. Da kann man eine Menge lernen, das weiß ich aus eigener Erfahrung.

Zum Beispiel, dass es in Berlin sogar ein Café gibt mit einem tonnenschweren Beton-Poller, der den Restaurant-Eingang blockiert. Spontan erinnert das Ding an einen überdimensionalen Spielstein aus »Mensch ärgere dich nicht«. Nur kann man dieses Ungetüm weder rauswerfen noch kommt man daran vorbei. Auf jeden Fall nicht mit Kinderwagen. Ja, was soll denn das? werden sich jetzt viele fragen. Ganz einfach: Hierbei handelt es sich um das simple Türsteher-Prinzip: Wer sich nicht benehmen kann, muss draußen bleiben. So weit ist es schon gekommen! Dabei machen gerade Mütter mit ihren Babys und Kleinstkindern unser aller Leben so viel bunter: Der Marmorkuchen liegt kleinteilig auf dem Boden verstreut. Einige teedurchtränkte Kleenex-Tücher kleben auf dem Tisch, dazwischen eine benutzte Windel neben einem Klecks Bananenmatsche. So muss eine gemütliche Kaffeetafel aussehen. Wer will denn in einer vollkommen sterilen Umwelt leben? Wenn diese Poller-Aufsteller das Sagen haben, dann patrouillieren demnächst Frauen in gestärkter Gouvernantenuniform mit strengem Haarknoten in Restaurants und Cafés:»Entschuldigung, ist das Ihr Kind?« Nach einer saftigen Strafpredigt überreichen sie den zerknirschten Müttern Knöllchen für grobe Verschmutzung und Missachtung der Erziehungspflicht.

Dabei hat der Besitzer des Poller-Restaurants gar nichts gegen Kinder. Das soll an dieser Stelle bitte erwähnt werden. Er möchte einfach nur nicht, dass seine mit viel Liebe gebackenen Kuchen an der Wand oder auf dem Fußboden landen. Und so hat er seine Poller-Aktion in einer großen deutschen Tageszeitung ganz vernünftig begründet:»Meine Kritik gilt da nicht den Kindern, sondern den Eltern. Wir mussten uns damals benehmen, wenn wir ausgegangen sind.«

Wie bin ich jetzt bloß darauf gekommen? Ich steige über Lea und ihre Puppenkleider und verlasse den Schauplatz. Hinter mir zetert Pina immer noch.

Eigentlich mag ich mich von meinen erziehungsberechtigten Freunden gar nicht trennen. Wie schön, dass man an jeder Ecke welche trifft, in diesem Fall ist es die nächste Pizzabude.

Da stehe ich nun und warte mit knurrendem Magen, bis ich dran bin. Die Tür fliegt auf und mir ins Kreuz. Eine Mutter mit zwei Kindern kommt herein, der Junge prescht sofort nach vorne und schreit den jungen Mann hinter der Theke an:»Ich will eine mit Salami!« Noch ehe der Pizzabäcker oder ich den Anarchisten über seine Rechte aufklären können, lächelt Mama mich zuckersüß an und erklärt:»Er hatte gerade Fußballtraining und einen riesen Hunger!« Ach so! Na, dann … Wenn ich demnächst Hunger habe, grätsche ich an der Frittenbude die erste Reihe weg.

Ich trete also zurück in die zweite Reihe und mache Platz für das nun folgende Frage-und-Antwort-Spiel. In der Zwischenzeit blättere ich ein wenig durch eine große bunte Boulevard-Zeitung. Während hinter mir wichtige Entscheidungen nicht getroffen werden (»Svea, möchtest du nun Pilze oder nicht? Oder doch lieber Rucola?«), lese ich:»Mütter-Quote für Deutschland«. Eine Bremer Professorin ist davon überzeugt, dass es sinnvoll sei, mehr Mütter mittels Quote in Entscheidungspositionen zu bringen! Prima Idee! Ich möchte am liebsten sofort alle Mütter, vor allem die hinter mir, ermutigen, Opel zu retten. Das würde der Belegschaft gefallen. Mitbestimmung bis zum Gehtnichtmehr. Alle dürfen mitentscheiden und sich mit der Entscheidung so viel Zeit lassen, wie sie möchten. Übrigens brauchen wir dann der Gerechtigkeit halber natürlich auch Quoten-Väter in Führungspositionen. Ich wäre gerne dabei, wenn einige dieser Quotenmütterväteraufsichtsräte eines DAX-Unternehmens eine Entscheidung herbeiführen. Sie müssen sich dabei nur ein bisschen beeilen, weil sie ab 16.30 Uhr ihre Kinder aus der Kita locken müssen, vorzugsweise mit einem Stück Pizza.

Ich lasse mir meine einpacken und gehe nach Hause.

Shoppingqueen (Teil 2)

Wir lassen in der Zwischenzeit Boutiquebesitzerin Frau M. von Leonies vorerst letztem Einkauf berichten. Sie war zwar selber nicht dabei (der eigentliche Grund für das Desaster!), doch ihre Aushilfe Frau Sch. hat ihr alles haarklein und minutiös geschildert:

Winni und Leonie betraten fröhlich den Laden. Frau Sch. begrüßte die Kunden freundlich und die Mutter fragte sofort nach mir. Frau Sch. stellte sich als meine neue Aushilfe vor. Dann stöberten die beiden wie gewohnt durch das Geschäft. Frau Sch. gefiel es ganz und gar nicht, dass eine Zweijährige durchs Geschäft rannte, sämtliche Dinge anfasste und aus den Regalen holte. Schließlich war sie neu und hatte Angst, dass während ihrer Dienstzeit etwas kaputtgehen könnte. Außerdem war sie der Meinung, dass kleine Kinder nicht alles anfassen sollten. Die fast Sechzigjährige war eben eine andere Generation. Sie forderte Winni mehrfach freundlich auf, doch ein wenig auf ihre kleine Tochter achtzugeben. Die reagierte schnippisch. Wahrscheinlich hielt sie Frau Sch. für eine Spielverderberin. Und möglicherweise ahnte sie schon, dass Frau Sch. mit ihr wohl nicht so konspirativ zusammenarbeiten würde, wie ich es bisher getan hatte. Geschweige denn Kaufladen spielte. Dennoch betonte sie mehrfach:»Frau M. hat nie etwas dagegen, wenn Leonie sich die Sachen anschaut.«»Aber ich«, hatte Frau Sch. geantwortet. Sie ist wohl kein großer Freund von vielen Worten. Leonie war die neue Verkäuferin sowieso schnuppe, sie hatte, berichtete meine Aushilfe, die riesengroße, nach Vanille duftende Kerze im Glas entdeckt. Die wollte sie haben. Da das Teil wirklich sehr groß und sehr schwer war, hatte die Zweijährige große Probleme, das Ding aus dem Schaufenster zu hieven. Da stand Winnis Töchterchen nämlich mittendrin. Frau Sch. hatte laut eigener Auskunft rote Flecken am Hals. »Wenn Sie die Duftkerze haben möchten, hole ich Sie Ihnen gerne aus dem Schaufenster«, hatte sie mehrfach angeboten. Das Teil kostete sage und schreibe 49 Euro. Winni versuchte ihrer Tochter diesen Einkauf auszureden, was Frau Sch. normal fand, sie kannte ja die speziellen Einkaufskonditionen noch nicht. Doch Leonie hatte sich daraufhin mitten ins Schaufenster gesetzt, die Riesenkerze im Glas umklammert und gebrüllt:

»Nein, die! Die! Die! Die!« Frau Sch. versicherte mir mehrfach, sie hätte immer und immer wieder versucht, Winni an ihre Aufsichtspflicht zu erinnern: »Würden Sie bitte Ihr Kind da rausholen?« Doch Winni lächelte nur und unternahm einen letzten Versuch, meine neue Aushilfe als Komplizin zu gewinnen. Sie zog sie ein wenig zur Seite, was Frau Sch. mit einem entsetzten Blick quittierte, und dann erklärte Winni ihr leise und eindringlich das Kaufladenspiel. Währenddessen ließ Frau Sch. nach eigenen Angaben das Kind im Schaufenster nicht aus den Augen. Leonie saß nach wie vor auf dem Boden und hielt die Kerze zwischen ihren Beinen umklammert. Mit düsterem Gesichtsausdruck soll sie die beiden Erwachsenen beobachtet haben. Und dann hat Frau Sch. den entscheidenden Satz gesagt: »Tut mir leid, ich kann Ihnen die Kerze nicht einfach so mitgeben. Die müssen Sie schon bezahlen.«

»Frau M. macht das doch auch, die kennt uns. Morgen bringe ich sie wieder zurück.«

»Nein.« Frau Sch. hatte das letzte Wort gesprochen.

Mit hängenden Schultern wandte sich Winni ihrer Tochter zu und ging vor ihr in die Knie. Augenhöhe ist in einer solchen Situation verdammt wichtig.

»Leolein, magst du dir vielleicht dort bei den bunten Tüchern eines aussuchen?« Die kosteten nämlich nur 20 Euro, das war ein Kompromiss.

Leolein schüttelte energisch den Kopf und zog die Beine enger um das Kerzenglas mit Vanilleduft.

»Oder sollen wir uns mal die hübschen Armbänder anschauen?« Das war gefährlich, da gab es welche, die über 200 Euro kosteten. Aber auf Leonie war Verlass, sie hatte ihre Wahl getroffen.

Doch plötzlich kam der verzweifelten Mutter eine Idee.

»Magst du vielleicht mit der Mama ein Eis essen gehen? Vanilleeis zum Beispiel!« Einen Versuch war es wert. Leider erfolglos. Frau Sch. hatte mittlerweile die Nase gestrichen voll: »Ich möchte, dass Sie sofort das Kind aus dem Schaufenster holen. Ich muss das alles neu dekorieren.« Das stimmte leider, Leonie hatte die umliegenden Waren beiseite getreten und wimmerte leise vor sich hin. »Das kaufen, Mami, bitte.« Leonie flehte herzerweichend. Da konnte selbst Winni nicht widerstehen. Und so verkaufte Frau Sch. an diesem Tag eine 49 Euro teure Duftkerze.

Von nun an schlich Winni mit Leonie immer erst auf der gegenüberliegenden Straßenseite vorbei, um zu schauen, wer im Geschäft bediente.

Für mich hat Winni einen *Education-Award* verdient. Es ist richtungs-, wenn nicht sogar zukunftsweisend, wie Winni die ganze Gesellschaft in die Pflicht nimmt, damit ihre Leonie konfliktfrei aufwachsen kann. Winni und die Quengelzonen-Petitionsmutter könnten gemeinsam die Welt verändern. Da bekommt der Begriff *Duty free* eine völlig neue Bedeutung!

Neuigkeiten!

Zwei andere liebenswerte Wesen warten im Hausflur bereits auf mich. Heute mit einer besonderen Überraschung. Aber erst einmal ist alles wie immer. Lina ist hundemüde und heult. Ob sie, genau wie Polly, mittags nicht schlafen darf, damit Mama und Papa eine ungestörte Nachtruhe haben?

Ich habe schon ernsthaft überlegt, so einen Senioren-Treppenlift anzuschaffen. Ich würde mich auch bereit erklären, gemeinsam mit Lina hochzufahren und sie oben abzuliefern. Wahrscheinlich würden die anderen Nachbarn mich da unterstützen – auch finanziell. Bis dahin sitzt Linalein heulend im Hausflur und ich darf mich an diesem gesäuselten »Lina, kommst du bitte?« jeden Tag aufs Neue erfreuen. Ich schleiche also an dem Duo vorbei, grüße freundlich und verschwinde in meiner Wohnung. Noch ungefähr zwanzig Minuten, dann kommt Papa. Gerade will ich mich in mein Schicksal ergeben, da platzt die Bombe: »Lina, die Mama kann dich nicht tragen. Die Mama hat ein Baby im Bauch!« Hurra! Demnächst in diesem Kino: Psycho, Teil 2! Ich wusste es ja, Lina darf keinen Mittagsschlaf machen. Und nun hat Mami eine prima neue Ausrede, warum das Töchterchen selbstständig nach oben gehen muss. Bringt aber auch nichts. Das Vorstellungsvermögen von Zweieinhalbjährigen bezüglich Babys in Bäuchen ist wohl eher begrenzt. Und das Verständnis somit auch. Sie schreit weiter. Und ich genieße von nun an jede Minute mit Lina noch mehr als ohnehin schon. Es kann immer alles ein bisschen schlimmer kommen …

Mein Fazit des Tages:

Kinder wollen grenzenlosen Spaß. Eltern machen keinen Ärger.

1. Kümmer dich nicht drum!
   Man muss die unangenehmen Dinge des Lebens einfach outsourcen! Nicht mehr alles selber machen, dazu gehört natürlich auch Erziehung. Die Eltern sitzen den Konflikt so lange aus, bis ein anderer ihn löst.

2. Friede, Freude, Eierkuchen!
   Ein positiver Nebeneffekt des Education-Outsourcings ist die
   absolute Harmonie zwischen Groß und Klein.
   Keine Konflikte, keinen Ärger, keinen Stress! Ein Traum!
   Wer möchte nicht nur die schönen Seiten des Lebens genie-
   ßen!

3. Da mach' ich mit!
   Wurde die Erziehungsaufgabe erfolgreich delegiert, haben
   Mütter und Väter Kapazitäten frei, um sich aktiv in den Kita-
   und Schulalltag einzubringen.

MEIN TIPP:
Haben Sie bitte Verständnis und helfen Sie mit, das positive
Image dieser tollen Mummys und Daddys zu erhalten! Niemand möchte wütende Mütter am Rande des Nervenzusammenbruchs in der Öffentlichkeit sehen. Oder strenge Väter, die
ihre Söhne auf der Straße zusammenscheißen.

Donner-Wetter!

Nur die Ruhe

»Lenny, iss bitte dein Müsli!«

Guten Morgen, liebe Nachbarn. Noch habe ich den Schwangerschaftsschock von gestern nicht ganz verdaut. Linas Mama wird uns bald mit einem zweiten Wonneproppen beglücken. Da wäre es doch toll, wenn auch Lenny ein Geschwisterchen bekäme, und alle würden im Hausflur zusammen spielen! Ok, Larissa ist Single, aber könnte es nicht sein, dass sie ein Verhältnis mit dem graumelierten Oberarzt hat – und der noch mal Lust verspürt? Also, Vater zu werden. Aber diesmal richtig, mit kümmern und so. Meine Bevölkerungsvisionen werden unterbrochen:

»Lenny, hast du gehört, was ich gesagt habe?«

»Hab keinen Hunger.«

»Soll ich dir lieber ein Käsebrot machen?« »Ja, aber mit Schmelzkäse.« – »Wir haben keinen Schmelzkäse, Lenny. Den gibt's nur in der Kita.« – »Ich will Schmelzkäse!« – »Das habe ich dir gerade erklärt, Lenny. Schmelzkäse gibt es nur in der Kita.« »Dann will ich nichts.« – »Du musst aber etwas essen.« Vielleicht wäre das meine Rettung: Larissa und Lenny ziehen zum Oberarzt in die schicke Villa an den Stadtrand. Doch dann fällt mir die Patchwork-Familie aus dem Hinterhaus ein, und ich stelle mir vor, die würden mich jeden Morgen an ihrem Leben teilhaben lassen. Vielleicht ist ja doch alles gut so wie es ist. Und Lenny bleibt ein Einzelkind. Ich muss einfach gelassener werden. Toleranter, verständnisvoller. Oder noch besser: Taub und blind. Das machen die Mamas und Papas auch. Und es funktioniert einwandfrei.

An diesem Tag lerne ich meine erste Lektion in tiefenentspannter Phlegma-Erziehung.

Ich bin mit einer Bekannten verabredet, bei ihr zu Hause auf ein Tässchen Kaffee. Andrea hat einen Halbtagsjob, eine Kinderfrau, eine Haushaltshilfe – und eine achtzehn Monate alte Tochter namens Lala.

Die 36-jährige kommt in der Regel am Nachmittag von der Arbeit heim in die blitzblanke Vierzimmer-Wohnung, wo die Hemden gebügelt im begehbaren Kleiderschrank hängen. Heute hat sie frei und möchte mit mir entspannt einen Kaffee trinken. Und Lala schreit rum. Das Leben kann verdammt hart sein. Lala sitzt vor ihrer Mutter auf dem Olivenholzesstisch und will ihren Brei nicht essen, den das Kindermädchen gestern Abend netterweise vorgekocht hat. Also versucht es Andrea mal mit Banane, damit Lala für ein paar Minuten Ruhe gibt, in denen wir uns unterhalten könnten. Das sieht dann so aus: Andrea schält die Banane und bricht ihrer Tochter ein kleines Stück ab, die Kleine greift herzhaft zu und zermantscht sie in ihrer kleinen Faust. Währenddessen erzählt Andrea mir von ihren Urlaubsplänen. Lala verreibt nun die Bananenmatsche auf dem Tisch, in ihrem Mund ist noch nichts gelandet. Andrea ignoriert die Sauerei mit einer grandiosen Gelassenheit. Wir sind jetzt bei Hotelbuffets im Allgemeinen angekommen und ich kann den Blick nicht von Lala wenden, die gerade etwas unruhig wird, da sie neues Bananenmaterial braucht. Wie auf Knopfdruck bricht Andrea das nächste Stück ab, gibt es ihrer kleinen Tochter und erzählt ungerührt weiter. Das alles ohne hinzuschauen! Genau das muss ich lernen. Lala haut den Bananenbrocken mit ihrem Händchen platt und arbeitet ihn sorgfältig in das Holz ein. Andrea referiert gerade darüber, wie wenig kinderfreundliche Hotels es bei uns in Deutschland gibt. »Da ist man ja mit so einer Kleinen nicht wirklich willkommen!« Ich nicke verständnisvoll und Lala ordert das nächste Stück. So langsam nähern wir uns dem Ende der Banane und Andrea meint: »Die können ja auch nicht erwarten, dass die Kinder die ganze Zeit still am Tisch sitzen, natürlich müssen die sich auch mal bewegen.« Lala ordert lautstark Nachschub. Nun ist Mama offensichtlich nicht schnell genug, sie ist mitten im Satz, da bekommt sie – patsch patsch! – beide Händchen ins Gesicht (auch hier ist Augenhöhe von Vorteil). Stinkwütend zieht Lala ihre kleinen Krallen langsam Muttis Wangen runter. Andrea hingegen nimmt ganz sanft Lalas Händchen in ihre, streichelt darüber und sagt ungerührt: »Wir werden in diesem Sommer ein Ferienhaus nehmen.« Ich starre auf sechs rote Striemen, drei auf jeder Seite, und registriere – nun vollends beeindruckt –, wie Andrea auf Anweisung die nächste Banane vom Obstteller nimmt und schält. Dabei sagt so eine Eineinhalbjährige natürlich nicht: Könnte ich bitte noch eine Banane zum Verreiben haben, Mama?« Nein, mit der einen Hand zeigt Lala auf das Objekt der Begierde, mit der anderen schlägt sie auf ihre Mutter ein. Dabei stößt sie mit hochrotem Kopf wütende Laute aus. Andrea lächelt. »Noch eine? Na gut.« Und während Mama die zweite Beschäftigungsrunde einläutet, setzen wir unsere Unterhaltung fort. Wobei ich zugeben muss, dass mich das Live-Spektakel mehr interessiert als Kinderhotels an der Ostsee. Lala lässt sich nun nach jedem Bananenstück die klebrigen Finger sauber machen. Ist ja auch wirklich ekelig, diese Bananenmatsche. Es dauert allerdings, bis Andrea kapiert hat, was Lala so stört. Und Lala hat nicht besonders viel Geduld mit ihrer Mama. Da muss sie schon mal lauter werden.

Nach diesem Südfrüchtemassaker mache ich mich von dannen. »Schön, dass wir mal wieder in Ruhe ein bisschen quatschen konnten!« Und schon kriegt sie wieder eine geknallt. Lala möchte jetzt Brei. Da staunt die Mami:»Na, du hast ja einen Hunger heute!!«

Von Mäuschen und Muckelchen

Mit diesem Erlebnis im Gepäck besuche ich einige Erzieher und Lehrer. Denn ich möchte dem handgreiflichen Phänomen doch gerne auf den Grund gehen. Gleich meine erste Gesprächspartnerin, eine Berliner Lehrerin, bestätigt:

»Sehr oft bringen Eltern die kleineren Geschwisterkinder mit zu Elternabenden oder Gesprächsterminen. Die Kinder turnen dann auf ihren Müttern rum, begrabschen sie, ziehen Blusen hoch und kramen auch schon mal eine Brust aus dem BH. Die Mamas lassen das alles seelenruhig über sich ergehen.«

Aber auch Grundschulkinder zerren und ziehen an ihren Eltern, wühlen und kramen ohne zu fragen in deren Hosen- und Jackentaschen, während die sich mit den Lehrern unterhalten. Reaktionen? Gleich null. Es geht doch nichts über einen engen Körperkontakt!

Die Erzieherin Kornelia D. wundert sich regelmäßig, was die Eltern sich von ihren Kindern gefallen lassen:

»Uns behandeln die Kinder mit Respekt, sie vergreifen sich nicht im Ton und sie ziehen und zerren auch nicht an uns herum. Aber kaum sind die Eltern da, entgleisen sie komplett. Sie motzen rum, schreien ihre Mütter und Vater an, da kommt es auch schon mal zu Handgreiflichkeiten gegen die Erziehungsberechtigten. Und die Reaktion der Eltern ist immer die gleiche: »Och, mein Schätzchen, Mäuschen, Muckelchen, was ist denn los? Hast du einen schlechten Tag gehabt? Hast du heute schlechte Laune? Och, mein armer Schatz!«

Deshalb weiß ich nun auch, dass der Papi, dem ich letztens auf dem Wochenmarkt begegnete, total normal ist. Er stand mit seiner Tochter (natürlich vor mir!) am Brotstand und führte mit dem Bäcker ein angeregtes Gespräch über Sauerteig und Sonstiges. Das Mädchen an seiner Seite, lang und dürr, war mindestens acht oder neun Jahre alt. Sie sprang an ihrem Vater hoch, zupfte an seiner Jacke und fragte immer wieder: »Papi, trägst du mich gleich? Papi, darf ich auf deinen Arm?« Und was tat der Papi? Der unterhielt sich ungerührt weiter, sagte zwischendurch freundlich zu ihr: »Ja, natürlich«, und ließ an sich herumzerren und hochspringen.

Nach seinem umfangreichen Einkauf durfte ich noch Zeuge werden, wie man es schafft, mit einem Bauernbrot, einer Tüte Rosinenwecken und einem Baguette im Arm zusätzlich seine circa 1,40 m große Tochter nach Hause zu tragen. Man wächst mit seinen Aufgaben.

Teamwork

Im Laufe der letzten Tage haben wir einige wirklich tolle Familien kennengelernt. Da darf folgende auf keinen Fall fehlen. Erzieherin Birte N. aus Köln:

Marie-Luise besucht ganztags unsere Kindertagesstätte »Schlaraffenland«, sie ist zwei Jahre alt und eine kleine Wuchtbrumme, denn sie isst wahnsinnig gerne. Man könnte auch sagen, sie stopft die Nahrung förmlich in sich hinein.

Bekommt Marie-Luise ihren Willen nicht, brüllt sie alles zusammen, was die stolzen Eltern als Zeichen ihres starken Charakters werten. Und da so eine ständige Brüllerei an den Nerven zerrt, soll die Kleine möglichst oft ihren Willen bekommen. Marie-Luise hat wirklich Glück mit ihren Eltern.

Am Nikolaustag luden wir, die Erzieher des »Schlaraffenlandes«, die Eltern zu Kaffee und Keksen ein. Auf den Tischen standen große Teller mit leckeren Plätzchen und jedes Kind nahm sich einen. Nur Marie-Luise nicht. Sie nahm sich fünf in die eine Hand und noch mal so viele in die andere. Da aber die Hände einer Zweijährigen nur ein begrenztes Fassungsvermögen haben, landeten ein paar der Kekse auf dem Boden, wo sie schnell von ihr zertreten wurden. Damit kein anderes Kind sie nehmen konnte. Wir wünschen uns, dass die Eltern an solchen Nachmittagen auf ihre Kinder selber achten. Und so schaute ich vorsichtshalber rüber zu MaLus Mutter und konnte noch gerade sehen, wie sie den Kopf blitzschnell von ihrer Tochter abwendete. Auch der Papa mochte da gar nicht hinsehen, das sah ja auch sehr unappetitlich aus: Marie-Luise stopfte sich einen Keks nach dem anderen in den Mund, lief zurück zum Keksteller und sorgte für Nachschub. Mutti und Vati schauten weg. An dieser Stelle wäre vielleicht die Information wichtig, dass MaLus Mutter Diplom-Ökotrophologin ist, mit Ernährung kennt sie sich aus. Ich kümmerte mich auch nicht weiter um die Wuchtbrumme, sondern ging hinaus in den Flur, denn wir wollten für die Kinder noch eine Überraschung vorbereiten. Ich füllte heimlich die Stiefel der Kinder mit kleinen Geschenken und Schokoladen-Nikoläusen. Dann ging ich zurück und verkündete: »Der Nikolaus war da!«

Und so lief jedes Kind zu seinem Platz und guckte in seine Stiefel. Nur Marie-Luise reichte das nicht. Blitzschnell klaubte sie die Geschenke aus den anderen Schuhen und stopfte sie in ihre. Das blieb natürlich nicht ohne lautstarken Protest, und ich musste wohl oder übel einschreiten, da ihre Eltern zwar direkt daneben gestanden, es aber aus irgendeinem Grund nicht gesehen hatten. Also sagte ich:»Marie-Luise, das gehört nicht alles dir, bitte gib den Kindern ihre Geschenke zurück.« Und dann brüllte sie los. Aber wie gut, dass Marie-Luise sich auf ihre Eltern verlassen konnte. Sie funktionieren ganz hervorragend als Erziehungsteam und beherrschen eine pädagogische Arbeitsteilung, die ihresgleichen sucht. Auch an jenem Nikolaus-Nachmittag. Während die Mama das Töchterchen beruhigte und ihr versprach, dass der Nikolaus sicher auch zu Hause noch etwas für sie gebracht hätte, verteilte der Papa – heimlich natürlich – die anderen Geschenke wieder an ihre rechtmäßigen Besitzer. Das sollte sein Töchterchen nicht mitbekommen. Und irgendwie war es auch gut, dass die Eltern nicht mitbekamen, dass ihre Marie-Luise mittlerweile von den acht Stunden in der Kita fünf brüllte, weil wir ihren starken Charakter offensichtlich immer noch nicht erkannt hatten.

Marie-Luises Eltern haben den Erziehungsansatz der drei berühmten Affen (»Nichts sehen, nichts sagen, nichts hören«) prima verinnerlicht. Geht es Mami und Papi gut, freut sich das Kind. Und umgekehrt. Da fährt man nach so einem gemütlichen Elternkaffeetrinken doch viel entspannter nach Hause.

Chaostage im Kindergarten oder: »Versuch's mal mit Gemütlichkeit«

In der Kindertagesstätte »Auenland« hatten sich Gruppenleiterin Maria W. und der Praktikant Basti J. viel Mühe gegeben, eine Tischdekoration mit den Kindern gebastelt, den Gruppenraum geschmückt und Waffeln gebacken. Das Eltern-Kaffeetrinken konnte beginnen. Maria W.:

Die Kinder hatten sich wie immer über den Gruppenraum verteilt. Einige übten Purzelbäume auf der Turnmatte. Dabei achteten sie darauf, dass immer erst dann der Nächste an der Reihe war, wenn der Vorgänger die Matte verlassen hatte. So wie sie es von Basti und mir gelernt hatten. Mila und Yannis hockten am Tisch und machten ein Puzzle. Dunja, Feliz und Leo hatten den großen Papierblock auf den Boden gelegt und malten gemeinsam einen Urwald. Der Rest war mit den anderen Kindern aus der Nachbargruppe draußen auf dem kleinen Spielplatz. Nach und nach kamen die Eltern und nahmen an den kleinen gedeckten Tischen Platz. Und nach und nach stieg der Lärmpegel. Auf der Turnmatte sprangen nun alle Kinder durcheinander, es ging drunter und drüber. Es gab ein Geschrei und Gezanke und keiner der Eltern kümmerte sich darum. Mila und Yannis hatten mittlerweile die Puzzleteile nicht nur über den Tisch, sondern auch am Boden verteilt. Jetzt latschten sie durch den Urwald und rissen das Papier entzwei. Aber weder Milas Mama noch Yannis' Vater schritten ein. Dunja, Feliz und Leo warfen sich mit Gebrüll auf die Zerstörer und jagten sich um die Tische durch das gesamte Zimmer. Völlig unbeeindruckt quatschten deren Erziehungsberechtigte seelenruhig weiter.

Unser »Auenland« hatte sich mittlerweile in ein Schlacht-feld verwandelt. Wir standen wie gelähmt im Raum, es war der reinste Horror. Ich flüsterte Basti zu: »Immer wenn die Eltern anwesend sind, vergessen die Kinder sämtliche Regeln!« »Aber das ist doch immer so«, unser Praktikant zwinkerte mir auf-munternd zu. »Ja, aber warum tun die nichts?« Vor uns sa-ßen vollkommen zufriedene Mütter und Väter, stopften sich Waffeln in den Mund, tranken Kaffee mit frisch geschlage-ner Sahne und unterhielten sich über die geplante Eröffnung einer Fast-Food-Filiale in ihrem Stadtteil, die es zu verhindern galt.

Mittlerweile hatten einige Kinder den Materialraum erobert, einen Ort, von dem sie ganz genau wussten, dass er tabu war. Sie zogen Buntpapier, Wolle und große Pappen aus den Regalen und schleppten sie in den Gruppenraum. Ich hatte nun endgül-tig die Nase voll und rief: »Schluss jetzt. Räumt das alles sofort wieder zurück!« Mila und Yannis setzte ich an einen Tisch (die berühmt-berüchtigte Auszeit), aber die beiden standen einfach sofort wieder auf und rannten los. Das macht normalerweise keins unserer Kinder; nur wenn ihre Eltern in der Nähe sind, dann benehmen sie sich wie eine Horde Wilder.

Basti eilte unterdessen in den Schlafraum, wo seine Freunde sämtliche Betten durchwühlten.

Igor benutzte den Mülleimer als Fußball und kickte ihn so lange durch die Gegend, bis er vollständig entleert war. Igors Mama kam gerade von der Toilette und machte ihrem Sohn freundlicherweise Platz, damit er einen Elfmeter in der Bauecke versenken konnte. Die kleine Maja hatte sich ausgezogen und lief nur in Hemd und Höschen herum. Papa stand draußen, telefonierte und rauchte. Meine Nerven lagen blank. Am liebs-ten hätte ich die Eltern nach Strich und Faden zusammengeschissen, aber das ging ja schlecht. Stattdessen lief ich nur noch laut schimpfend durch den Raum, während Basti überall gleichzeitig versuchte, Brände zu löschen. Als Nächstes nahmen einige Wildgewordene sämtliche Spiele aus den Regalen und ließen sie nach halbherzigem Gebrauch einfach liegen. Der Gruppenraum sah aus wie nach einem Bombeneinschlag. Und irgendwann war der Spuk genau so schnell vorbei, wie er begonnen hatte. Pünktlich um 18 Uhr verließen die Mamas und Papas mit ihren Kindern das verwüstete »Auenland«. Allerdings nicht ohne uns zu loben: »Danke für den schönen Nachmittag!«; »Es war mal wieder sehr gemütlich bei euch!«; »Die Waffeln schmeckten super, das Rezept müsst ihr mir unbedingt mal geben!« Zurück blieben Basti und ich, zwei fleißige Heinzelmännchen, die sich daran machten, das Chaos zu beseitigen. Wenigstens wussten wir nun, wie es bei unseren Schützlingen zu Hause so zuging und vor allem aussah!

Auch wenn es kein Trost ist, aber Maria und Basti sind nicht die Einzigen, die an solchen Nachmittagen verzweifeln. Ihre Kollegin Kornelia D.: »Auf unserer Weihnachtsfeier wurde es von Minute zu Minute schlimmer. Die Kinder flippten komplett aus und die Eltern interessierte das überhaupt nicht. Meine Kollegin und ich beschlossen, einfach mal nichts zu tun. Wir stellten uns an die Seite und beobachteten das Chaos. Es artete immer weiter aus. Als es wirklich nicht mehr zu ertragen war, nahmen die ersten Eltern ihre Kinder und gingen. Die anderen folgten ziemlich schnell.«

Sonderwünsche & Extrawürste – ein Nachschlag

Zum Thema Elternkaffeetrinken hat Pollys Erzieherin Mariele P. noch eine Abschlussanekdote für uns. Zur Erinnerung: Polly soll dies nicht und Polly darf das nicht. Vor allem hat Pollys Mutter Madita es geschafft, den Nachtisch für alle Kinder in der Krippe abzuschaffen, weil ihr Töchterchen keinen Zucker essen soll. Beim gemütlichen »Wollmäuse-Treff« traute Mariele ihren Augen kaum: »Da saß Mama Madita und vertilgte genüsslich ein großes Stück Käsekuchen. Nur Polly, die auf ihrem Schoß saß, durfte nicht, aber zuschauen, das durfte sie!«

Hiwis

Zuschauen ist manchmal viel schöner als mitmachen. Gerade Eltern wissen es zu schätzen, wenn man ihnen mal ein bisschen von der anstrengenden Erziehungsarbeit abnimmt. Claudia L.:

Gegen 16 Uhr herrscht bei uns im Kindergarten »Bunte Hunde« immer ein reges Treiben. Dann kommen die Mütter und Väter oder andere Berechtigte und holen ihre Kinder ab. Auf dem Flur wimmelt es von großen und kleinen Menschen, Mützen werden gesucht, Schuhe angezogen und Rucksäcke gepackt. Einige Racker büxen immer mal wieder aus und schlüpfen zurück in den Gruppenraum, weil »sie noch etwas Wichtiges vergessen haben«.

Andere weigern sich, ihre Jacke anzuziehen. Es wird hier und da gejammert, einige von den Dreijährigen sind müde nach einem langen Tag. Eigentlich eine ganz normale Abhol-Situation. Um die Kinder kümmern wir uns in der Regel nicht mehr, dann sind die Mamas und Papas zuständig. Meine Kollegin Sandra und ich erledigen anfallende Aufräumarbeiten und führen Gespräche mit einzelnen Eltern, es gibt natürlich jeden Tag etwas zu besprechen.

Neuerdings aber werden wir dabei regelmäßig unterbrochen. Frau Wegmann, die Mutter von Torben (3) und Titus (5), ist es offenkundig leid, immer einen ihrer Söhne einfangen zu müssen. Und zwei Kinder anziehen, das ist ihr zu anstrengend. Also bat sie mich vor ein paar Tagen, doch bitte auf Torben aufzupassen, während sie Titus anziehe. Beim ersten Mal habe ich mir nichts dabei gedacht. Ich setzte den Fünfjährigen zu mir in den Gruppenraum und räumte weiter auf.

Frau Wegmann hatte wohl Gefallen daran gefunden, sich nicht mehr mit den beiden Jungs alleine abplagen zu müssen, denn schon am nächsten Tag hieß es: »Claudia, passen Sie bitte mal auf Titus auf. Und Sie, Sandra, könnten mir mal helfen, Torben anzuziehen.« Nun hatte sie schon zwei Helferinnen. Nach ein paar Tagen waren Sandra und ich uns einig, dass das nicht zur Gewohnheit werden dürfte. Wir halfen Frau Wegmann nun jeden Nachmittag dabei, ihre Söhne anzuziehen, das heißt, im Grunde erledigten wir den Job, während sie daneben stand und das Ganze überwachte. Überflüssig zu erwähnen, dass Torben und Titus sich in Gegenwart ihrer Mama nicht so kooperativ zeigten wie sonst. Erst nachdem Familie Wegmann den Kindergarten verlassen hatte, konnten wir uns den eigentlichen Aufgaben widmen. Solche Angewohnheiten breiteten sich erfahrungsgemäß aus, und dann müssten wir am Ende des Tages zwanzig Kinder anziehen, und fix und fertig vor die Tür stellen: Bereit zum Abholen! Wir kennen doch unsere Pappenheimer!

Ich entschied also, mit Frau Wegmann darüber zu sprechen. Als sie am nächsten Nachmittag in den Kindergarten kam, bat ich sie kurz zu mir und erklärte freundlich:»Frau Wegmann, so gerne meine Kollegin und ich Ihnen helfen, aber wir können das nicht jeden Tag machen. Die anderen Eltern brauchen uns auch. Wir haben hier noch andere Dinge zu erledigen. Dafür haben Sie doch sicher Verständnis.«

Ihrem Gesichtsausdruck nach zu urteilen, hatte sie das ganz und gar nicht. Und das tat sie auch kund:»Ich weiß nicht, was dabei ist, mal eben die beiden Jungs anzuziehen.« Ich hätte am liebsten geantwortet:»Eigentlich nichts, die anderen Eltern können das auch alleine. Nur Sie nicht.« Aber ich hielt natürlich meinen Mund. An diesem Nachmittag brauchte Frau Wegmann eine geschlagene halbe Stunde, um Titus und Torben einzufangen und anzuziehen. Eine nervenaufreibende Angelegenheit für alle Beteiligten, aber wir halfen ihr nicht.

Doch gleich am nächsten Tag hatte Frau Wegmann eine andere Idee, wie sie uns beschäftigen konnte. Wir bereiteten gerade unsere nächste Musikstunde vor, da stand Mutter Wegmann bei uns im Gruppenraum.»Könnte mir wenigstens mal jemand helfen, die beiden ins Auto zu bringen?!« Das klang eher wie ein Befehl, weniger nach einer Frage! Meine Kollegin Sandra war so perplex, dass sie wortlos aufstand, die Kinder und deren Rucksäcke packte und mit ihnen 50 Meter zum Wegmann'schen Wagen lief. Ich kochte innerlich. Sandra verstaute unterdessen T & T in den Kindersitzen, erntete kein Wort des Dankes und kam zurück in den Kindergarten.»So geht das nicht!«, empfing ich sie, und meine Kollegin nickte betreten. Wir waren uns einig, aber Frau Wegmann machte einfach weiter wie bisher. An manchen Tagen konnten wir uns ihren Anweisungen entziehen, an anderen kleideten wir die Jungs an und brachten sie für die Dame zum Wagen. Und ich fürchtete mich vor dem Tag, an dem Frau Wegmann mich bitten würde, kurz mit nach Hause zu kommen, um Titus und Torben wieder auszuladen, das Abendbrot vorzubereiten und sie später auch ins Bett zu bringen.

Schuldfrage

Auch Kornelia D. hat schon mehrfach merkwürdige Erfahrungen mit der Abholsituation gemacht:

Um 16 Uhr findet bei uns ein Schichtwechsel statt. Dann werden die »noch übrigen« Kinder aus allen Klassen in einer Gruppe zusammengelegt. Während dieser Übergabe kommen sämtliche Erzieher und Erzieherinnen zusammen, es wird genau registriert, wer abgeholt wurde und wer noch da ist. Dann übernimmt die Spätschicht die Betreuung der restlichen Schüler bis zum Ende um 18 Uhr.

Mein Kollege Peter war gerade dabei, eine seiner Schülerinnen zu verabschieden. Saras Mutter wartete immer draußen im Auto, ein normales, tägliches Prozedere. Sara trödelte, auch normal, aber sie war noch gut in der Zeit, kein Grund zu hetzen. Plötzlich stürmte ihre Mutter herein und schnauzte uns an: »Ich warte schon seit einer Viertelstunde im Auto! Wieso schickt ihr Sara nicht raus?!« Hoppla! Da war aber jemand sauer! Wir waren völlig perplex, vor allem fragte ich mich, was ich damit zu tun hatte? Sara gehörte gar nicht zu meiner Klasse. Peter versuchte die Mutter zu beruhigen, aber keine Chance. »Ich habe drei Kinder im Auto, es ist saukalt und ich musste die ganze Zeit den Motor laufen lassen!« Das wurde ja immer besser. Mein

Kollege konnte auch nicht mehr sagen, als dass Sara ein wenig gebummelt hätte. Kein Grund zur Aufregung, es war ja noch völlig im Zeitrahmen. Das alles interessierte Mama aber nicht, und das Töchterchen traf natürlich keine Schuld. Das ist ja generell so. Stattdessen informierte sie uns über die nächste Katastrophe: »Und jetzt springt der Motor nicht mehr an!« Oh. Nun saßen mein Kollege und ich mit offenem Mund da, was hätten wir auch sagen sollen? »Kein Problem, wir holen mal eben ein Überbrückungskabel!«? Dann schaute Saras Mutter mich an und schrie: »Und Sie sind schuld!«

So sieht's aus, liebe Frau D. Eine wahrlich unglückliche Verkettung der Ereignisse. Das hätten Sie alles verhindern können, wenn Sie sich um Dinge, pardon: Kinder kümmern würden, die Sie nichts angehen. Jetzt sehen Sie, was Sie davon haben! Haben Sie wenigstens einen Abschleppdienst angerufen? Oder Wärmedecken und Thermoskannen verteilt?

Problembewusst

Wie man sich in Eltern-Krisensituationen korrekt verhält, zeigt uns das nächste Beispiel. Wir schalten mal rüber zu Frau V. Denn Leos Vater hat an diesem Nachmittag bei der Sozialpädagogin um ein Gespräch gebeten. (Frau V. leitet die Einrichtung, ist aber auch Leos Gruppenleiterin, allerdings nur vormittags im Einsatz.)

Professor Hasenfuß ist immer pünktlich. Natürlich heißt er nicht wirklich Hasenfuß, aber meine Kollegen und ich nennen ihn insgeheim so, weil er sich ständig um seinen Leo (3) sorgt. Professor ist er aber wirklich, ein Naturwissenschaftler oder Mathematiker, glaube ich. Ich bitte ihn freundlich in mein Büro. Doch Hasenfuß bleibt in der Tür zum Gruppenraum stehen und ruft seinen Leo zu sich. »Wollten Sie nicht heute mit mir sprechen?« Ich war etwas verunsichert, hatte ich mich im Datum geirrt? »Doch, aber ich möchte, dass Leo dabei ist.« Das hätte ich mir denken können und frage mich, wer hier wen unterstützen soll. Hasenfuß und Sohnemann marschieren also in mein Büro. Der Professor nimmt auf dem Stuhl Platz und Leo nimmt auf seinem Vater Platz. »Was kann ich für Sie tun?«, eröffne ich gut gelaunt das Gespräch, während der Junge sich meinen Tacker schnappt. »Es geht um Leo.« Ich stelle mir vor, wie Hasenfuß seine Vorlesungen eröffnet: »Es geht um Zahlen.« Nun folgt eine Pause, und es stellt sich für mich die Frage, ob hier bereits das Problem liegt. Mit einem »Ja?« fülle ich die Lücke, dann macht es tack tack und Leos Beitrag in Form zweier Heftklammern fällt zu Boden. »Er hat ein Problem.« Nun hat Hasenfuß wohl den Faden wieder gefunden und ich schreite fröhlich voran: »Dann schauen wir mal, wie wir es lösen können. Um was geht es denn genau?« Meine Gedanken schweifen kurz ab: Am Ende des Semesters kennen wir das Problem, um die Lösung kümmern wir uns im nächsten. Tack tack, Leo ist auch noch im Spiel. Jetzt spricht Hasenfuß mit seinem Sohn. »Gell, Leo, du magst den Morgenkreis nicht?« Ich sehe meine Tackermunition zu Boden fallen und denke daran, wie kompliziert es ist, bei der Stadt Büromaterial nachzubestellen. »Leo, du darfst den Tacker gerne in der Hand halten, aber bitte drück nicht mehr darauf, ich brauche die Heftklammern noch.« Tack tack. Professor Hasenfuß hält jetzt die Hand unter den Tacker, damit die Heftklammern nicht mehr zu Boden fallen. Das ist nett. Nun zurück zum Thema, aufmerksam höre ich zu: »Leo, erzähl doch mal der Frau V., warum du den Morgenkreis nicht magst.« Leo zuckt mit den Schultern und ich übernehme wieder: »Vielleicht erzählen Sie mir einfach, was Leo gesagt hat. Er hat sich ja wohl Ihnen gegenüber dazu geäußert?« Das findet Herr Professor jetzt gar nicht gut, schließlich kann sein Leo das alleine. Aber der ist im Moment mit dem Tacker beschäftigt, Papas Hand füllt sich langsam. »Leo, wenn du nicht aufhörst, den Tacker zu drücken, dann musst du ihn wieder zurück auf meinen Schreibtisch legen«, sage ich. Ohne Erfolg. Tack tack. So langsam werde ich wütend. »Also, was gefällt Leo nicht am Stuhlkreis?« »Er möchte nicht in einer Runde sitzen, das ist ihm unangenehm.«

»Unangenehm?« Ich habe schon viel gehört, aber das ist neu. Der Morgenkreis dient zum gemeinsamen Start in unseren Kita-Tag. Die Kinder erzählen, wie es ihnen geht, was sie erlebt haben, was sie beschäftigt und was sie heute gerne unternehmen wollen. (Wir arbeiten nach dem situativen Ansatz.) Nur zur Information für die Leser: Unser Morgenkreis hat nichts zu tun mit einer Psychogruppentherapie, Sitzungen der Anonymen Alkoholiker oder einer Resozialisierungsmaßnahme im geschlossen Vollzug. Aber Leos Vater liefert mir eine Erklärung: »Es gibt Menschen, die fühlen sich in dieser Form von gesellschaftlicher Zusammenkunft einfach nicht wohl. Leo möchte das nicht.«

Natürlich, ich kann sehr gut verstehen, dass Herr Professor Hasenfuß sich um den kleinen Leo sorgt. So ein Stuhlkreis, aus dem man nicht ausbrechen darf, kann schnell zu einem Teufelskreis werden, denke ich. Laut frage ich: »Und Leo soll jetzt morgens nicht mehr daran teilnehmen? Ist es das, was Sie möchten?« Hasenfuß wird jetzt nervös. »Um Gottes willen, Sie können ihn doch aus der Gemeinschaft nicht ausschließen!«

Auch Pädagogen stoßen an ihre Grenzen, das Rad kann auch ich nicht mal so eben neu erfinden. »Und was schlagen Sie vor?« Hasenfuß verdreht die Augen. Diese Einfallslosigkeit, denke ich, das kann er wahrscheinlich schon bei seinen Studenten nicht leiden. Tack tack, Leo ist auch noch da. Papa muss jetzt erst mal die Hand leeren, damit neue Heftklammern reinpassen, die Ladung landet auf dem Schreibtisch.

»Ordnen Sie die Stühle einfach anders an, damit dieser für Leo so unangenehme Kreiseffekt weg ist.« Hasenfuß läuft jetzt zur Höchstform auf. Er sprudelt vor Ideen. »Verteilen Sie die Stühle wahllos im Raum. Das könnte eine ganz neue Erfahrung für alle Kinder sein!« Tack tack. Ich hab genug, stehe auf, gehe um den Schreibtisch herum und bleibe vor Vater und Sohn stehen. »Leo, gib mir bitte den Tacker.« Nun schauen beide irritiert zu mir auf. Keine Reaktion. Ich greife einfach zu, nehme Leo den Tacker weg und lege ihn oben auf den Aktenschrank. Nun zum eigentlichen Problem: Das verhätschelte Professorensöhnchen gehört zu den Kindern, die einfach keine Lust auf den Morgenkreis haben. Er möchte nicht still sitzen und zuhören, er möchte spielen, toben, reden. Nicht mehr und nicht weniger. Aber auf diese Diskussion lasse ich mich nicht ein. Stattdessen sage ich: »Gute Idee, Herr Professor, aber ich fürchte, das ist in der Praxis nicht umzusetzen. Unsere Kinder mögen den Morgenkreis. Aber du, Leo, kannst ja, wenn du willst, deinen Stuhl irgendwo im Raum aufstellen. Vielleicht fühlst du dich dann wohler.«

Das Gespräch war beendet und Hasenfuß sprachlos. Die resolute Frau V. hatte dennoch Sorge, der Professor könne sich bei ihrem Vorgesetzten beschweren, hat er aber nicht getan. Bis jetzt. Denn Leos Papa ist noch nicht fertig mit der Sozialpädagogin … Er wird schon noch was finden. Am liebsten ein Problem.

Sponti-Aktion

Als Frau V. kurz den »situativen Ansatz« erwähnte, ahnte ich noch nicht, wie oft mir dieser Begriff im Laufe meiner Recherchen begegnen würde. Dieses sozialpädagogische Konzept (entwickelt Anfang der 1970er Jahre) wird in vielen Einrichtungen praktiziert. Die Pädagogen greifen aktuelle Themen auf, mit denen sich die Kinder im Alltag beschäftigen. Man nimmt sogenannte Schlüsselsituationen zum Anlass für pädagogisches Handeln. Dadurch lernen Kinder mithilfe von Erziehern oder ihren Eltern, alltägliche Vorkommnisse besser einzuschätzen, zu verarbeiten, und kommen automatisch in ihrem Leben besser zurecht. Jedes Kind soll individuell das tun, was seinen Interessen und Wünschen entspricht. Das klingt sehr schön, aber in der Praxis lauern mal wieder die Tücken.

Wie die Geschichte der Essener Erzieherin Tina K. beweist:

Es war keine leichte Aufgabe, aber irgendwie würde ich es schon hinkriegen.

Ich wollte mit allen Kindern zusammen ein Geschenk für unsere Leiterin herstellen, die nach einer Blinddarm-OP im Krankenhaus lag. Da wir aber nach dem situativen Ansatz arbeiten, durfte ich nicht einfach alle Kinder zu einer gemeinsamen Aufgabe »verdonnern«. Da sind unsere Eltern sehr empfindlich. Unter Zwang entsteht ja bekanntermaßen nie etwas Gutes. Ich befürworte dieses Konzept, aber es gibt eben manchmal Ausnahmesituationen. Mit viel Einfühlungsvermögen und ein bisschen Überredungskunst gelang es mir, die Gruppe der Vorschulkinder zu dieser Gemeinschaftsarbeit zu – sagen wir mal: überzeugen. Alle saßen an diesem Morgen um den Tisch herum und bastelten große bunte Blumen aus Krepppapier, die ich dann später zu einem Strauß zusammenfügen wollte. Auch Mimi machte mit. Da sie handwerklich nicht besonders geschickt war, riss ihr oft die Blüte und sie musste wieder von vorne beginnen. Ich hatte mich neben sie gesetzt und half ihr dabei, was der Sechsjährigen gut gefiel. Sie bastelte eifrig eine Blume nach der anderen. Dennoch war sie am Ende nicht zufrieden mit dem Ergebnis; ihre Blumen, so fand sie, sähen in dem Strauß am »hässlichsten« aus. Doch ich lobte sie und auch die anderen Kinder versicherten immer wieder, Mimis Blumen seien sehr schön. Und so freute sie sich am Ende doch, weil ihre Blüten wirklich aus dem gesamten Strauß herausragten. Vor allem aber freute Mimi sich, ihrem Papa am Nachmittag das Meisterwerk zu zeigen. Und dann war es endlich so weit!

Die meisten Kinder waren eifrig dabei, ihre Eltern sofort zu unserem Gemeinschaftswerk zu führen, das wirklich wunderschön aussah. Ziemlich imposant, weil kunterbunt und üppig, thronte der Krepppapierblumenstrauß auf unserem Sideboard. Und alle Mütter und Väter staunten und lobten uns. Auch Mimi führte ihren Vater sofort in den Gruppenraum und präsentierte das Geschenk, das heute ausnahmsweise nicht so ganz im Sinne des situativen Ansatzes von den Vorschulkindern gebastelt wurde. »Und welche Blumen hast du gebastelt?«, fragte Andreas sofort. Mimi zeigte sie ihm. »Hm, da hast du dir aber keine große Mühe gegeben, oder?« Ich stand zufällig direkt daneben und drehte mich bei seinen Worten erschrocken um. Mimi schaute mich hilfesuchend an, doch Andreas fuhr unbeirrt fort: »Oder hattest du vielleicht gar keine Lust, Blumen zu basteln?« Mimi nickte betreten und ihr Vater schaute nun mich fragend an. Ich sammelte mich kurz, denn ich wollte auf keinen Fall den Eindruck erwecken, als hätte er mich »ertappt«.

»Doch«, erwiderte ich wahrheitsgemäß, »Mimi hatte wie alle anderen große Lust, an dem Geschenk für Frau W. mitzuarbeiten.« Nun musterte Andreas erneut seine Tochter. »Stimmt das?« Ich holte tief Luft. Dass ein Elternteil mich in Gegenwart eines Kindes infrage stellt oder sogar verdächtigt zu lügen, war schon ein starkes Stück, aber ich blieb ruhig. Mimi rollte mit ihren großen kugelrunden brauen Augen und sagte ganz leise: »Nein, ich wollte das nicht. Basteln ist ätzend.« Da hatte ich den Salat. Und nun musste ich mir von Andreas einen Vortrag über den situativen Ansatz anhören. Ich gelobte Besserung, was blieb mir anderes übrig, aber innerlich kochte ich.

Wir werden noch einmal von Tina hören, dann geht es ebenfalls um den situativen Ansatz, dieses tückische Ding. Das Konzept kann man ja so oder so auslegen …

Die Vorstellung, meine Mutter hätte bei dem Rektor meiner Grundschule vorgesprochen, weil sie die Vier in Handarbeit nicht gerechtfertig findet, da ich an diesem Tag einfach nicht in Häkellaune war, gefällt mir gut. Hat sie aber nicht. Dafür hing mein missratener Topflappen ungefähr zehn Jahre lang in unserer Küche. Das alles ist Schnee von gestern und Kinderkram. Im Zeitalter des Schmetterlingseffekts darf gerade in der Entwicklung des Premium-Nachwuchses nichts dem Zufall überlassen werden. Aus einer verkorksten Häkelware kann schnell ein Strick werden. Da muss man frühzeitig vorbeugen.

Natürlich funktioniert dieses pädagogische Konzept nicht nur in Kindergärten, Kitas oder Krippen, man kann man das auch im Privaten, im Familienleben praktizieren. Ein schönes Beispiel schilderte mir eine Erzieherin, die morgens ständig mit einem völlig übermüdeten Kind konfrontiert wurde, das grundsätzlich den Vormittag verschlief. Die Mutter lieferte die plausible Erklärung: Marlene war die halbe Nacht wach und wollte mit ihrer Mami spielen. Und natürlich hat sie ihrer Tochter diesen Wunsch nicht verwehrt. Und so beschäftigte sie sich Nacht für Nacht ein paar Stunden mit ihr. Vorzugweise mit der geliebten Eisenbahn. Und liefert uns damit ein mustergültiges Beispiel für den situativen Ansatz im Alltag. Es dürfen auch allnächtliche Situationen sein, Hauptsache situativ …

Das kann doch nicht so schwer sein!

Von einer anderen lehrreichen Situation erzählt die nächste Geschichte. Dazu machen wir einen Abstecher in den Drogeriemarkt. Drogeriemärkte sind ein Eldorado für Mütter! Was der OBI für Männer, sind dm, Rossmann, idea & Co. für Frauen. Die meterlangen Regale mit zig verschiedenen Babybreisorten, Kindershampoos, Lippenstiften, Teelichtern! Herrlich. Viele Geschäfte haben sich auch bereits voll und ganz auf Familien eingerichtet. Es gibt Wickeltische mit kostenlosen Windeln und Spielecken für die Kleinen. Da bleibt man gerne mal länger.

Ich schlendere durch die Reihen, werfe einen letzten Blick auf meinen Einkaufszettel und stelle enttäuscht fest: Ich habe alles. Auf zur Kasse! Hoppla, da wäre ich fast über diesen kleinen Zwerg gestolpert, der da mitsamt Kindereinkaufswägelchen völlig verträumt hinter seinem Papa herschlurft. »Marius, ich geh mal zu den Kerzen. Nimmst du bitte Anni mit?« Mama dreht ab ins Kerzenland. Papa Marius bleibt vor dem Zahnbürstenregal stehen, nimmt eine Flasche Zahnspülung in die Hand und murmelt beiläufig: »Anni, du kannst dir schon mal eine Zahnbürste aussuchen.« Ein verhängnisvoller Satz! Nun steht Anni, einen knappen Meter groß, vor diesem Mega-Zahnbürstenregal. Sie hat einen sehr hübschen, akkurat geschnittenen Pagenkopf, der sich diesem schier unendlichen Warenangebot entgegenreckt. Papa ist derweil beschäftigt, er vergleicht die unterschiedlichen Stiftung-Warentest-Bewertungen von Zahnspülungen. Die Kleine schaut sich, ganz der Papa, ein paar Exemplare an. »Die!« Triumphierend reckt sie ihm eine Zahnbürste entgegen. Der verantwortungsbewusste Marius setzt den Tester-Blick auf und schüttelt den Kopf. »Die ist erst für Kinder ab sechs Jahre, Anni. Du bist ja gerade erst drei Jahre alt geworden. Drei.« Er zeigt drei Finger, hängt die Bürste wieder weg und greift zum nächsten Mundwasser.

Das Töchterchen hebt den Pagenkopf. Überall nur Zahnbürsten. Anni im Zahnbürstenland. Intuitiv spüre ich, hier wird heute noch Großes passieren, und treibe mich beim Duschgel rum. Nächster Versuch: Anni präsentiert ihre zweite Wahl. Mit viel Zehenspitzengefühl ist die Kleine eine Etage höher gekommen. »Nein, Anni, die ist für Erwachsene.« »Ich will aber die.« Ich überschlage kurz Annis Erfolgsaussichten: Zirka fünfzig Modelle in den oberen Reihen, nur für Erwachsene. Darunter ungefähr fünfzehn Kinderzahnbürsten. Daneben ein Regal mit elektrischen Zahnbürsten für Groß und Klein. Vielleicht 25 Stück. »Leg sie bitte zurück, Anni, und such dir eine andere aus.« 98 Versuche hat die Dreijährige noch. Diesmal bleibt sie zwar in den untersten Reihen, ist aber bei den elektrischen gelandet. Mit lustigem Comic-Motiv. »Nein, Anni, keine elektrische Zahnbürste. Such dir einfach eine ganz normale Kinderzahnbürste aus.« Jetzt wird Anni sauer. Das kann ich verstehen. Als ob das so *einfach* wäre! »Nein, ich will die!« Jetzt wird sie laut und wirft die Packung in den kleinen Einkaufswagen. Das ist jetzt der Moment, wo andere Kunden aufmerksam werden und den Vater mit so einer Mischung aus Mitleid und Vorwurf anschauen. Alle, außer mir. Ich bin ganz klar auf Annis Seite. »Anni, jetzt hör bitte mit dem Theater auf und leg die Zahnbürste zurück. Bitte!«

Marius ist mittlerweile bei der Zahnseide angekommen. Meiner Meinung nach kann dieser Vater sich glücklich schätzen, so eine Tochter zu haben. Anni fischt die Packung aus dem Wagen und schleudert sie ins Regal. Danach nimmt sie eine neue Packung. Jetzt muss der Vati lachen. »Anni, das ist keine Zahnbürste, das ist ein Zungenreiniger.« »Die will ich.« »Nicht die, es ist <u>der</u> Zungenreiniger. Und das ist keine Zahnbürste.« Ich bin mittlerweile vollkommen fertig mit den Nerven. Kann bitte irgendjemand diesem armen Mädchen mal helfen??!! Ich könnte den Filialleiter kommen lassen! »Schau, Anni, das hier sind alles Kinderzahnbürsten, hier darfst du dir eine aussuchen. Nur hier.« Papa schränkt das Angebot ein: Nun hat die Kleine noch fünfzehn gute Chancen, aber offensichtlich die Nase voll. »Jetzt erst recht«, lautet die kindliche Devise. Sie streckt sich und erwischt eine wirklich hübsche, mintgrüne »Sensitiv soft«, besonders für Senioren geeignet. »Ich will die!« Marius ist nun wirklich verärgert, er nimmt seinem Töchterchen die Zahnbürste einfach aus der Hand. Was Anni verständlicherweise so nicht akzeptieren kann. Ich muss gehen, ihr Wutanfall ist wohl auch in der Kerzenabteilung zu hören, denn Mama biegt um die Ecke. »Anni, was machst du denn für einen Krach? Hör bitte auf zu schreien.«

Mich würde wirklich interessieren, mit welcher Zahnbürste sich Anni an diesem Abend die Zähne putzt, ich werde es wohl nie erfahren. Aber ich hätte Marius, Annis Vater, gerne näher kennengelernt. Scheint ein echter Traummann zu sein. Ob er seine Frau auch vor ein Handtaschenregal stellt und sagt: »Such dir eine aus, Schatz!«?

Lebens-Mittel

Entscheidungs- und Wahlfreiheit – das sind die Zauberwörter!

Zum Thema »Mein Kind kann selber entscheiden … egal was« hat Kornelia D. eine bemerkenswerte Story erlebt.

Oda geht seit eineinhalb Jahren in unsere Schule und die dazu gehörende Nachmittagseinrichtung. Die knapp Achtjährige ist sehr zart, ein echtes Leichtgewicht, sie könnte ein paar Kilos mehr auf den Rippen gut gebrauchen. Aber Oda mag nicht mit uns mittagessen, sie muss es auch nicht. Sagen ihre Eltern. Sie hat jeden Tag ein Knäckebrot mit Salami in ihrer Brotbox. Jeden Tag, seit eineinhalb Jahren. Also haben wir die Eltern um ein Gespräch gebeten, bei dem wir erklärten, dass Oda wenigstes das Mittagessen probieren solle. Ich habe sogenannte Probierkleckse eingeführt, wirklich nur minimale Portiönchen! Keiner wird bei uns zum Essen gezwungen, aber wenigstens kosten sollen die Schüler. An einem Freitag beschlossen wir, dass Oda ab Montag mit den anderen Kindern zusammen das Essen probieren müsse. Die Eltern stimmten zähneknirschend zu. Aber sie informierten das Töchterchen offensichtlich nicht über unsere Abmachung. Montagmittag saß Oda in der Mensa und kaum hatte ich das Essen, vier (!) Möhrchen, ein paar Kartöffelchen und etwas Soße, serviert, fing sie an zu schreien. Sie heulte, tobte, brüllte wie am Spieß. Als klar war, dass sie sich nicht mehr beruhigen würde, brachte ich sie in den Klassenraum zu ihrer Lehrerin und meiner Kollegin Frau T. Ich musste neunzehn Kinder zurücklassen, deshalb bat ich eine andere Kollegin, einen Blick auf meine Gruppe zu haben, und machte mich mit der kreischenden Oda und ihrem Teller auf den Weg. Eine andere Möglichkeit, sie »wieder runterzuholen«, gab es meiner Meinung nach in diesem Moment nicht. Ich musste auch die anderen Kinder schützen. Keiner kann in Ruhe essen, wenn eine Achtjährige alles zusammenschreit. Im Klassenraum stellte ich den Teller vor sie hin, erinnerte an die Probier-Abmachung und ging. Noch einmal: Sie war nicht alleine, ihre Klassenlehrerin war da! Dann lief ich schleunigst zurück in die Mensa. Nach dem Mittagessen ging ich zu ihr zurück, sie hatte sich beruhigt und wollte gerne essen. Ich freute mich, das betonte ich auch, und schlug vor, das Essen in der Mikrowelle warm zu machen – und sie langte zu. Es schmeckte ihr sogar! Ein Erfolg im harten Erziehungsalltag? Von wegen! Am nächsten Tag stürmte Odas Mutter wie eine Furie in die Einrichtung und beschimpfte mich! Das wäre »Nötigung«! Ich hätte ihre Tochter zum Essen gezwungen, sie würde sich beim Rektor beschweren. Eine Kollegin sagte mir, sie hätte von einer Mutter gehört, ich sei »im Stechschritt« durch das Schulgebäude gegangen. Na, kein Wunder, ich hatte ja noch neunzehn Kinder in der Mensa zu betreuen! Was wäre wohl los gewesen, wenn ich geschlendert wäre!

Beim Elternabend ein paar Tage später schlug das Thema Essen plötzlich erneut große Wellen. Eine andere Mutter (Akademikerin!) interessierte sich in allen Einzelheiten für meine Probierkleckse. Wie groß die Portionen seien, wie viel die Kinder davon essen müssten, was, wenn sie es nicht mögen würden, und so weiter und so fort.

Ich erklärte, dass bei uns niemand zum Essen gezwungen würde, aber kategorisch jede Nahrung ablehnen zu dürfen halten wir für falsch. Nun schrie mich Odas Vater an: »Du lügst doch! Du hast meine Tochter eingesperrt! Und sie zum Essen genötigt!«

Jetzt drohte die Situation zu eskalieren. Ich versuchte es mit Vernunft und erklärte: »Die Kinder sind mitunter acht bis zehn Stunden hier (in Schule und Betreuung), da können sie nicht ohne Nahrung auskommen, kein Mensch kann so vernünftig lernen.«

Jetzt lief Odas Papa zur Höchstform auf: »Der Mensch hat einen natürlichen Selbsterhaltungstrieb!« Mit anderen Worten: So lange Oda nicht stirbt, ist schon alles in Ordnung.

Und er legte nach: »Unsere Oda kann alleine entscheiden, ob, wann und was sie isst!«

Und außerdem hätte sie ja noch ihre Brotbox (mit dem obligatorischen Salami-Knäckebrot) und die Trinkflasche. Ich entgegnete: »Das widerspricht unserer Vorstellung von einem gemeinsamen Mittagessen! Es können nicht alle Kinder eine Brotbox mitbringen!« »Warum denn nicht?«, antwortete unsere akademische Mutter. Tja, was soll man dazu sagen? Odas Eltern meiden uns bis heute. Das Töchterchen aber isst jeden Mittag mit uns – und es schmeckt ihr! Gut, sie hat uns bei ihren Eltern ungerechterweise in die Pfanne gehauen, aber Schwamm drüber! Hauptsache, das Mädchen isst was Anständiges!

So weit der Bericht von Kornelia D.

Das klingt wirklich nach Gulag-Methoden. Kein Wunder, dass den Eltern das alles ganz und gar nicht schmeckt. Kann ja schließlich nicht jeder kommen und das Kind zum Essen zwingen. Und dann schmeckt es ihm auch noch!

Klare Ansage

Kinder dürfen zu nichts gezwungen werden, Eltern aber schon. In dieser Hinsicht gefällt mir die Rollenverteilung zwischen Martin und seiner Tochter Johanna ausgesprochen gut. Die Erzieherin (und Leiterin) der Kita »Am Waldrand« Angela B. hat mir von den beiden erzählt. Bevor sie selbst zu Wort kommt, ein paar Informationen vorab:

Es gibt sehr schöne Rituale in der Kindertagesstätte »Am Waldrand«. Jeden Morgen, wenn ein Kind ankommt, geht es mit seiner Begleitung (Mama, Papa, Oma, Opa, Nanny, Au-pair-Mädchen) in den Gruppenraum. Dort werden die beiden von den anderen Kindern begrüßt. Jeder fühlt sich willkommen und wird freundlich aufgenommen. Und die Neuankömmlinge wünschen denen, die schon da sind, einen guten Morgen und einen schönen Tag. Daran kann nun keiner etwas Schlechtes finden. Außer Johanna.

Angela B.:

Jeden Morgen betritt die Zweijährige mit ihrem Papa Martin die Kita, hängt mit ihm ihr Mäntelchen auf und lässt sich in den Gruppenraum führen. Doch dann verfinstert sich ihre Miene. Denn dann kommen alle anderen Kinder angelaufen und wünschen Johanna und Martin einen guten Morgen. Auch Martin begrüßt die Kinder. Und das ist Johanna dann echt zu viel. Sie bekommt einen ausgewachsenen Heulkrampf und staucht ihren Vater lautstark zusammen! Getreu dem Motto: Was fällt dem eigentlich ein, die ganzen anderen doofen Jungen und Mädchen zu begrüßen?! Sie hat eine ganz klare Kontaktsperre angeordnet, auf beiden Seiten. Und dass die blöden Kinder sich nicht daran halten, ist ja mal wieder typisch. Aber wenigstens ihr Vater soll gehorchen. Das hat sie ihm jetzt schon mehrfach klargemacht. Johanna will das nicht und basta! Martin tut es auch jedes Mal furchtbar leid, weil er mal wieder vergessen hat, dass er das nicht darf. Johanna hat es aber auch nicht leicht mit ihren Eltern. Ihre Mama, eine Zahnärztin, hat gerade wieder angefangen zu arbeiten, deshalb bringt Martin sie neuerdings in die Kita. Denn in seinem Kommunikationsdesign-Büro fängt man erst später an zu arbeiten. Und zu allem Überfluss begrüßt ihr Vater jetzt auch noch morgens die anderen Kinder. Wenn sie anfängt zu schreien, entschuldigt er sich aber sofort bei ihr: »Es tut mir leid, Johanna, ich verspreche dir, ich werde die anderen Kinder nicht mehr begrüßen!« Irgendwie reicht das der kleinen Prinzessin noch nicht, der König muss in den Staub fallen. Also schreit sie weiter. »Hannalein, ich bin doch nur dein Papa! Nur deiner. Ich verspreche dir, das kommt nie, nie wieder vor.« Ein letztes Schluchzen, ein letztes Zucken, dann entlässt sie ihren ungezogenen Vater mit einem bösen Blick.

Johannas Vater Martin wäre auf einem guten Weg, wenn er in Zukunft brav die Anweisungen seiner Tochter befolgt. Dann hätte er nichts mehr zu befürchten. Also, einfach den Mund halten und die anderen Kinder ignorieren. Dann klappt's auch mit dem Töchterchen.

Ob Martin morgen endlich die Anweisungen seiner Tochter befolgt? Wir können ja dann noch mal live rüberschalten.

Big sister is watching you

Das ist dank unserer Technik heute alles möglich! Noch sind uns ein paar Grenzen gesetzt, aber die Zukunft schreitet voran und mit ihr der Traum vom kontrollierten Kind. Wie bemerkte die Sozialpädagogin Margit S. so schön: »Es gibt Eltern, die würden ihrem Kind am liebsten einen Chip einpflanzen ...«

Und so ist die folgende Geschichte von Rosa und ihrer Mutter Thekla absolut kein Einzelfall, sondern Erzieher-Alltag im 21. Jahrhundert. Wie mir die Pädagogin Arzu S. glaubhaft versicherte:

Die kleine Rosa war zehn Monate alt, als sie zu uns in die Kindertagesstätte »Himmelreich« kam. Ihre Mutter Thekla war Regieassistentin in der Filmbranche, sie arbeitete wieder ganztags, weil ihr plötzlich ein neues Filmprojekt »vor die Füße gesegelt« war. Da musste sie natürlich zugreifen. Die Einunddreißigjährige brachte ihr Töchterchen morgens um acht Uhr, blieb aber in den ersten Wochen zwei Stunden, um Rosa langsam an den Kita-Alltag zu gewöhnen. Wie alle Eltern bekam auch Thekla natürlich unsere Handynummern, meine und die von meinem Kollegen Hendrik. Für Notfälle, versteht sich. Eines Morgens klingelte um viertel nach sieben mein Handy. Ich trank gerade den letzten Schluck Kaffee, dann wollte ich mich auf den Weg zur Arbeit machen. »Hallo Arzu, hier ist Thekla.« Ich schaute reflexartig auf die Uhr. War ich etwa zu spät und nun standen die Mütter vor der verschlossenen Kita? Nein, es schien tatsächlich ein »Notfall« zu sein: Rosa wollte ihre warme Milch nicht trinken! »Wenn sie morgens nicht wenigstens eine Flasche Milch trinkt, dann kann sie nicht Kacka machen«, vernahm ich Theklas besorgte Stimme. Lächelnd schüttelte ich den Kopf. Das war wirklich »höchste Alarmstufe«, ich wusste nur nicht, was ich damit zu tun hatte. »Ich kann sie nur in die Kita bringen, wenn du ihr heute Morgen solange den Bauch massierst, bis sie ihr Häufchen gemacht hat.« Thekla war leicht hysterisch und ich beruhigte sie: »Mach dir keine Sorgen, wir sprechen gleich darüber.« Kurz drauf trug Thekla Rosa wie eine Schwerverletzte in unsere Kita und legte sie sofort in meine Arme. Ich versprach, alles für einen reibungslosen Stuhlgang zu unternehmen, was aber gar nicht nötig war. Irgendwann war die Windel einfach voll. Bis dahin klingelte mehrfach das Telefon, weil Thekla eine Live-Reportage zum Verdauungsvorgang ihrer kleinen Tochter haben wollte. Dieses Erlebnis sorgte bei mir und Hendrik für viel Spaß, wir nannten es »Alarmstufe AA« und lachten noch Tage später darüber. Doch das Lachen sollte uns vergehen.

Schon bald darauf machte ich wie immer morgens kurz vor der Arbeit mein Handy an: drei Anrufe in Abwesenheit, eine Nachricht auf der Mailbox und eine SMS – allesamt von Thekla: Ruf mich bitte dringend zurück!!! Ich erschrak, tat wie befohlen und erfuhr: »Rosa ist schon seit vier Uhr wach!«

Jetzt lag mir die Frage »Hat sie wenigstens Kacka gemacht?« auf der Zunge, aber so früh war ich noch nicht zu Scherzen aufgelegt. Ich wartete einfach geduldig auf mehr relevante Informationen. Noch hatte ich die Gefahr nicht erkannt. »Ihr kompletter Tagesrhythmus kommt durcheinander!« »Wir legen sie einfach schlafen, wenn sie müde ist«, antwortete ich. »Neeeiin!«, schrie Thekla in den Hörer »Das geht nicht, dann ist sie heute Nacht wieder wach!« Als Thekla mit der schlafenden Rosa im Arm in die Kita kam, rief sie schon von Weitem: »Wir müssen sie jetzt wach machen!« Hendrik kam ahnungslos um die Ecke und flüsterte: »Gib sie mir, ich leg sie schlafen.« Stattdessen nahm ich sie auf den Arm und versprach, mich in Theklas Sinne darum zu kümmern. Und mein schlauer Kollege durchschaute die Situation sofort. Eine halbe Stunde nachdem die besorgte Mutter die Räume verlassen hatte, klingelte natürlich das Telefon. Nun vergewisserte sie sich stündlich, dass Rosa wach war und erst zur Mittagszeit ihr Schläfchen machte. Doch wenn ein zehn Monate altes Kleinkind müde ist, dann pennt es einfach! Rosa schlummerte selig in der Hängematte, und als alle anderen mittags in den Schlafraum gingen, beschäftigte sich Hendrik mit ihr. Natürlich bekamen wir dafür von Thekla eine ordentliche Standpauke. Von nun an rief Thekla fast jeden Morgen bei mir an oder sie schickte eine Kurznachricht: Rosa hatte Milch ausgespuckt und Thekla musste sie komplett neu anziehen, was eine Verspätung mit sich brachte.

Rosa schlief noch, daher konnte sie ihre Milch nicht trinken, und deshalb hatte sie noch keinen Stuhlgang. Dadurch geriet Theklas Leben aus den Fugen und ich musste das morgens um sieben natürlich als Erste erfahren!

Rosa weinte. Ob sie möglicherweise zahnte?

Rosa hatte ganz weichen Stuhl. Lag es am Kita-Essen? Vielleicht war sie allergisch gegen Getreidebrei??!!

Rosas Popo war ein bisschen wund.

Rosa kam ein wenig später, Rosa kam gar nicht oder:

Könnte Rosa mal ausnahmsweise schon um halb acht kommen?

Thekla würde sie auch zu mir nach Hause bringen …

Neben den Anrufen und Nachrichten am frühen Morgen kamen dann die über den Tag verteilten besorgten Nachfragen:

Hat Rosa gegessen?

Hat Rosa geschlafen?

Wie lange hat Rosa geschlafen?

Hat sie Pipi und Kacka gemacht?

Wie viel? Wie war ihr Stuhl? Weich, hart, gelblich oder eher braun?

Womit hat sich Rosa tagsüber beschäftigt, hat sie Freunde, oder etwa Feinde? Hat sie geweint? Und wenn ja, warum?

Hendrik und ich waren am Rande eines Nervenzusammenbruchs. Gingen wir nicht ans normale Kita-Festnetz-Telefon, rappelten unsere Handys, ignorierten wir auch das, verkündete der Signalton eine neue Nachricht.

Thekla überwachte uns und ihre Tochter rund um die Uhr mit Hilfe ihres Smartphones. Und sie setzte immer noch einen drauf: Eines Morgens hatte Rosa beim Abschied geweint, aber Thekla musste dringend weg (»Zum Dreh!«) – es gibt nichts Schlimmeres für eine Mutter, als ihr weinendes Kind zurückzulassen. Dafür haben wir Verständnis. Aber Rosa beruhigte sich schnell wieder, auch das ist in den meisten Fällen so. Nun klingelte also an diesem Tag Hendriks Handy und eine sehr besorgte Thekla war am Apparat: »Hat sie sich beruhigt?« Hendrik verkündete die frohe Botschaft: »Alles ok, Thekla, Rosa liegt hier glücklich und zufrieden vor mir auf der Decke, sie spielt mit den bunten Bausteinen.«

»Kannst du bitte ein Foto mit deinem Handy machen und es mir schicken?« Diesmal blieb Hendriks Mund offen stehen. Ein ungläubiges »Wie bitte?«, schwebte durch den Gruppenraum. Dagegen war »Alarmstufe AA« wirklich ein Witz! »Ja, mache ich.« Hendrik gehorchte. Aber ich musste jetzt echt intervenieren und Thekla dringend zum Gespräch bitten.

Nach meiner Pfeife ...

Wir verlassen die Kontrollräume der Nation für heute und wünschen den Lehrern und Erziehern einen wohlverdienten Feierabend.

Den haben Eltern ja bekanntermaßen nie. Sie sind 24-Stunden-Service-Dienstleister. Dazu ein schöner Dialog zwischen einer Mutter und ihrer zirka acht Jahre alten Tochter in einem Hot Dog- & Burger-Stehimbiss in Berlin-Prenzlauer Berg.

Mama hat ihre Tochter mit einer Flasche Bio-Limonade versorgt und steht nun am Verkaufstresen, um sich einen Burger aus mehr als einem Dutzend Varianten auszusuchen. Das Töchterchen hat ihre Wahl schon getroffen. Chapeau, kommt ja auch nicht alle Tage vor!

Tochter (nölend): »Mama, komm mal! Ich krieg die Flasche nicht auf!«

Mama (freundlich): »Sofort. Gib mal her.«

Sie öffnet die Flasche.

Mama: »So, bitte!«

Sie nimmt das Essen in Empfang und platziert Burger und Pommes-Gerichte auf dem Stehtisch.

Tochter (nölend): »Ich brauch' noch Ketchup!«

Mama (freundlich): »Ich hol' dir welchen.«

Mama holt Ketchup, dann schweigsames Essen.

Tochter (mit verschmierten Fingern, genervt): »Boah, voll eklig! Ich brauch Servietten!«

Mama (immer noch freundlich): »Warte, ich hol dir welche.«

Holt einen Stapel Servietten und legt ihn auf den Tisch.

Tochter: ...

Mama: »Wir könnten doch gleich mal durch die Dingsbumsstraße laufen. Ich würde gerne in dem schönen Blumenladen ein paar Kräutertöpfe kaufen.«

Tochter (nölend und genervt):»Oh, ne. Keine Lust.«

Mama:»Och, schade.«

Schweigsames Essen.

Mama:»Auf dem Rückweg könnten wir mal eben kurz bei Regina vorbei gehen. Ich muss da was abholen.«

Tochter: (nölend und sehr genervt):»Oh, ne!«

Mama (bittend):»Ich spring da nur schnell rein. Bitte! Geht ganz schnell.«

Tochter:»Nei-ein!«

Mama (jammernd):»Dann muss ich da morgen extra vorbeifahren. Komm, bitte, es geht auch ganz schnell.«

Tochter (sauer):»Nein! Mach das morgen!«

Mama: …

Tochter:»Ich brauch noch Mayo.«

Mama (freundlich):»Warte, ich hol sie dir.«

Es lebe die gepflegte Konversation! Wer so eine Mama hat, kann auf Dienstpersonal getrost verzichten.

Erlaubnisbewilligung

Nun schauen wir noch einmal im Drogeriemarkt vorbei, einem wahren Geschichten-Garant im Eltern-Kind-Kosmos:

Finn kann noch nicht besonders lange laufen, aber schreien kann er wie ein Großer. Ich habe keine Ahnung, was ihm nicht passt, der Kleine ist stinksauer. Mit einem knallroten Gesicht und einer beachtlichen Rotznase stolpert er brüllend neben seiner Mutter her, die den kleinen Kindereinkaufswagen schiebt, weil Finn das noch nicht alleine kann. Aber so kommt ihr Sohnemann prima an die Einkäufe im Wägelchen heran. Er schnappt sich nun eine Getränkeflasche aus dem Wagen und schmeißt sie auf den Boden, was Mama mit einem freundlichen »Och, Finn, lass doch bitte die Flasche im Wagen«, kommentiert. Sie hebt das Hassobjekt auf und legt es zurück. Finn erwidert: »◆☀😣⚡︎⟿⚡︎« Was wohl so viel bedeutet wie: »Dieses Getränk hat in meinem Einkaufswägelchen absolut nichts verloren!« Mama hat den Filius leider noch nicht verstanden, mit viel Geduld eruiert sie die Ursache für seine leichte Verstimmung. Währenddessen fliegt die Flasche mehrfach unter Gebrüll aus dem Wagen heraus. Und endlich klappt's mit der Kommunikation, ich vernehme folgende Erklärung: »Du musst das ja auch gar nicht trinken! Die ist ja auch gar nicht für dich, Finn. Die Flasche ist für mich. Die Mama hat auch Durst. Ich möchte den Saft trinken.« Aha. Der Junge hat gedacht, die Mama hätte ihm ohne sein Einverständnis einfach ein Getränk gekauft. Dann dürfte ja das Problem gelöst sein. Ist es aber nicht. Finn ist immer noch rasend wütend, die Flasche fliegt erneut durch den Laden. In das Geschrei mischen sich ein paar vereinzelte Worte, die ich aber leider nicht übersetzen kann. Diesmal versteht Mama ihren kleinen Schatz: »Ach, so! Ich soll das nicht trinken? Aber die Mama hat Durst, ich möchte das gerne trinken!« Finn ist immer noch sauer, er klammert sich an den Wagen und rüttelt daran rum. Dank einer ausführlichen Unterhaltung ist mittlerweile allen Kunden im Laden klar, dass die Mama »doch so gerne den Saft trinken möchte«, aber Finn das nicht will. Puh, das ist eine knifflige Angelegenheit, hier ist eine Einigung ja fast ausgeschlossen. Doch nicht für Finns Mama! Die weiß wie man Konflikte löst: »Ok, ok. Finn, dann trinkt die Mama den Saft eben nicht. Wir bringen ihn wieder zurück.«

Ja, warum denn nicht gleich!? Da musste der Kleine sich ganz umsonst aufregen. Schön, wenn Eltern und Kinder sich friedlich einigen. Ich durfte mehrfach Zeuge dieser harmonischen Übereinkünfte werden, eine hat mir besonders gut gefallen: Da wollte die kleine Elsa, sieben Jahre, nicht nur mit den anderen Kindern den Geburtstag ihrer Freundin feiern, der Papi sollte auch bleiben. Der Papi wollte aber eigentlich lieber nach Hause gehen. So wie alle anderen Eltern auch. Elsa weinte bitterlich und nach mehreren Taschentüchern und Krisengesprächen auf Augenhöhe verkündete ihr Vater erleichtert: »Wir haben uns geeinigt! Ich bleibe hier!!«

Totale Verweigerungshaltung

Ein weiterer Tag im Erziehungsparadies Deutschland geht zu Ende, und der Feierabend gehört natürlich wie immer Lina. Aber von meiner kleinen Freundin, ihrer Mutter samt Einkaufstaschen und Ungeborenem ist weit und breit nichts zu sehen.

Ein Blick auf die Uhr sagt mir, sie sind schon fünf Minuten überfällig, im Treppenhaus ist es mucksmäuschenstill. So kann ich nicht arbeiten! Ganz schön trostlos ohne diesen liebreizenden Klangteppich. Doch da dringt dumpf ein mir seltsam vertrautes Geräusch von der Straße herauf. Ich schaue hinaus und atme erleichtert auf! Lina! Gott sei Dank, es hätte ja auch was Schlimmes passiert sein können! Dennoch, es gibt leider auch eine schlechte Nachricht. Die gute: Linas Mutter hat einen Parkplatz direkt vor der Tür bekommen. Aber Linalein presst ihre Füße gegen den Vordersitz und ihren kleinen Körper in den Kindersitz. Kooperation sieht anders aus. Eine schnelle Einigung schließe ich aus. Für Mami ist das eine neue Herausforderung, sie kann nicht einfach nach oben gehen und ihr Engelchen den Hausflur beschallen lassen. Also reden die beiden mal von Frau zu Frau. In der Tat: Lina macht auf mich den Eindruck, als könne man hier mit vernünftigen Argumenten und einer guten Prise »Bitte bitte« weiterkommen. Könnte funktionieren, tut es aber dummerweise nicht. Lina is pissed und sie wird so lange warten, bis der liebe Papi sie aus dem Auto heraushebt und über den Bürgersteig nach oben trägt. Und zur Belohnung für so viel Ausdauer gibt es oben ein Eis. Die Lösung scheint auch der schwangeren Mami am besten zu gefallen, sie zückt ihr Handy und telefoniert flugs den Gatten herbei. Und während sie schon mal die Einkaufstüten in den Hausflur schafft, kommt der glückliche Ehemann und Vater die Straße runtergesprintet – er hat leider keinen Parkplatz vor der Tür bekommen. Und wie das Linalein jetzt strahlt und ihm die kurzen speckigen Ärmchen entgegenreckt! Was für eine glückliche Familie, jeden Tag ein kleines Happy End!

Mein Fazit des Tages:

Kinder sind einfach konsequent. Eltern gehorchen einfach besser.

1. Gewaltenteilung
   Konsequenz und Gehorsam: das Geheimnis einer glücklichen Eltern-Kind-Beziehung. Nur deshalb sind sie ein unschlagbares Team, das perfekt zusammenpasst.

2. Von unten nach oben
   Flache Hierarchien sind gut, aber Basis-Diktatur ist besser.

147

Die Kleinen entscheiden für sich und für die Großen gleich mit. Das macht das Familienleben noch einfacher.

3. Die große Einigung
   Eltern und Kinder haben gleiches Stimmrecht und am Ende einigt man sich auf die Forderung des Kindes.

MEIN TIPP:
Denken Sie bitte daran, wenn die kleine Klara beim Abendessen mitten auf dem Tisch sitzen will: Nur so funktioniert eine Begegnung auf Augenhöhe im Alltag. Und dann befolgen Sie einfach ihre Befehle.

Was sind schon ein Kilo Bananenmatsche auf dem guten Olivenholztisch und ein paar Striemen im Gesicht gegen einen gepflegten Kaffeeplausch?

Endspurt: Augen zu und durch

Irgendwas ist immer ...

Lenny will heute nicht in den Kindergarten. Dabei lief bis jetzt alles reibungslos. Pipi, Kacka, Frühstück – inklusive Händewaschen. Jetzt steht er im Hausflur und heult. »Ich geh da nicht hin!« Lenny ist richtig sauer. Larissa versucht schon seit geraumer Zeit, die Gründe herauszufinden. Haben ihn andere Kinder geärgert? War die Erzieherin nicht nett? Schmeckt das Essen nicht? Nur mit Lenny selbst hat das natürlich absolut nichts zu tun. Vielleicht hat er einfach keinen Bock. Es gibt viele Menschen, die Donnerstag schon ihr gesamtes Pulver verschossen haben und Freitag einfach mal blaumachen. Aber Larissa arbeitet wie alle Erziehungsberechtigten brav ihren Krisenplan ab. Erstens Motivation: »Ihr wollt doch heute an dem Raumschiff weiterbasteln!« Zweitens Gewissen: »Der Constantin ist bestimmt ganz traurig, wenn du heute nicht kommst!« Und drittens, Ultima Ratio, das Leckerchen: »Wenn ich dich heute abhole, können wir ja mal zu McDonald's gehen.«

Das funktioniert: »Wann kommst du denn?« »Wie immer, um halb vier.« »Nein, heute mal früher!« »Ich muss aber bis drei Uhr arbeiten.« »Nein! Dann bleib ich hier ...!«

Lenny und Larissa werden eine Einigung erzielen, da bin ich mir sicher. Aber ich muss jetzt los, wir starten in den letzten Arbeitstag der Woche – und der hat es in sich!

Problembewusst (Teil 2)

Für die Sozialpädagogin Frau V. beginnt dieser Tag auch nicht mit Friede, Freude, Eierkuchen. Es ist Gefahr in Verzug und Papa Hasenfuß ist alarmiert!

Sophie hatte ihren ersten Tag. Die fünfzehnjährige Schülerin machte bei uns ein Betriebspraktikum, weil sie später gerne Erziehungswissenschaften studieren wollte. In den nächsten zwei Wochen wollte sie einen Eindruck von unserer Arbeit bekommen. Sophie saß auf einem der kleinen Stühlchen im Gruppenraum und sah die Kinder eines nach dem anderen ankommen. Ich wollte sie im Morgenkreis vorstellen, aber natürlich fragten einige Kinder sofort, wer sie denn sei, und so stellte sich Sophie auch dem ein oder anderen selber vor. Einige Kinder stürzten sich fast auf sie, »Neue« waren immer spannend, denn sie brachten meist auch frische Ideen mit. Irgendwann stand der dreijährige Leo in der Tür. Direkt hinter ihm, die Hände auf den Schultern seines Sohnes, sein Vater, Professor Hasenfuß. »Entschuldigung, Frau V., könnten Sie mal bitte kommen?«, ertönte sein zittriges Stimmchen, und ich lief zur Tür. »Wer ist das Mädchen da?« Hasenfuß zeigte auf Sophie, als wäre sie ein unbekanntes Objekt aus einer fremden Galaxie. »Das ist Sophie, unsere neue Schülerpraktikantin. Ich werde sie den Kindern gleich im Morgenkreis vorstellen.« (Der war ihm ja schon ein Dorn im Auge!) Der Professor zog die hohe Stirn in Falten und packte Leos Schultern ein wenig fester. »Das hätten sie früher ankündigen müssen. Leo kennt diese Person doch gar nicht.« Der kleine Leo war seit einem halben Jahr bei uns im »Märchenland« und hatte in dieser Zeit weder einen Personalwechsel noch einen Praktikanten erlebt. Aber so erging es vielen, einmal ist immer das erste Mal. Abgesehen davon hing seit einer Woche ein Zettel an unserem Schwarzen Brett, der Sophie ankündigte. Aber Leo konnte ja nichts dafür, dass seine Eltern die Information übersehen hatten. Ich lächelte aufmunternd und beugte mich hinunter zu ihm: »Guten Morgen, Leo. Komm, ich stelle dir die Sophie vor. Sie wird jetzt zwei Wochen hier mit uns zusammen spielen. Sie freut sich, euch alle kennenzulernen.« Leo nickte, aber Hasenfuß ließ ihn nicht los. »Frau V., so einfach geht das nicht. Meine Frau und ich, wir würden den Leo gerne auf diese neue Situation vorbereiten. In Ruhe.« Ich betrachtete ihn etwas mitleidig. Ein kleiner Mann mit schütterem Haar im dunkelbraunen Cordanzug. Wahrscheinlich hatte er selber Angst vor Sophie. »Dann hole ich Sophie hierher, und Sie und Leo können sich mit ihr bekannt machen. »Nein!« Hasenfuß zog Leo zu sich heran. »Wir Eltern müssen doch erst mal wissen, wer dieses Mädchen überhaupt ist. Haben wir bei der Vergabe von Praktikumsplätzen nicht ein Mitspracherecht? Muss man die Bewerber nicht zum Gespräch einladen und uns vorstellen?« Ich holte tief Luft. »Nein, Herr Professor, das müssen wir nicht. Die Sophie ist ein freundliches, intelligentes Mädchen vom Städtischen Gymnasium. Sie wird zwei Wochen hier ein Betriebspraktikum machen, unseren Arbeitsalltag kennenlernen und darüber einen Bericht verfassen.« Hasenfuß riss die Augen auf: »Einen Bericht?!« Augenblicklich bereute ich meine Sätze. »Frau V., dieses Mädchen wird einen Bericht über unsere Kinder schreiben und ihren Lehrern vorlegen? Das erlaube ich nicht!« Leo schaute seinen Vater irritiert an. Seine Freunde Lukas und Max bauten an der Burg weiter, die sie gestern angefangen hatten, da hätte er sicher gerne mitgemacht. Aber er war im eisernen Griff gefangen. Außerdem schien er sich zu fragen, was es mit dieser Sophie auf sich hatte. Vielleicht war sie ja wirklich gefährlich. Ich erklärte geduldig, dass sie nicht einen Bericht über die Kinder, sondern über ihr Praktikum verfassen würde. Das sei schließlich ein Unterschied. Hasenfuß war damit nicht zufrieden. Ich suchte nach einem Kompromiss. »Vielleicht hätten Sie heute Nachmittag Zeit, dann könnten wir in Ruhe in meinem Büro darüber sprechen. Und Leo könnte jetzt zu den anderen Kindern gehen.« Professor Hasenfuß dachte einen Moment nach. »Ich möchte kurz mit Leo alleine sprechen.« Er drehte sich um, ging mit seinem Sohn zurück in den Flur und ich hörte seine eindringlichen Worte: »Schau Leo, es tut uns leid, dass du in diese Situation geraten bist. Aber das Mädchen dort drinnen, sie heißt Sophie, wird jetzt in der nächsten Zeit jeden Tag hier sein. Du musst keine Angst haben, sie tut dir nichts. Aber du musst nicht mit ihr spielen, wenn du das nicht willst. Hast du das verstanden?« Ich konnte Leo nicht sehen, aber seiner Antwort entnahm ich, dass er auf glühendheißen Kohlen stand: »Kann ich jetzt gehen?« Leo war mittlerweile so neugierig geworden, er wollte diese Sophie endlich mal von Nahem anschauen. Im Affenzahn rannte er in den Gruppenraum. Professor Hasenfuß eilte hinterher und nahm mich zur Seite: »Hier geht kein Bericht raus, bevor ich ihn nicht gegengelesen habe.« Dann drehte er sich um und ging.

Klare Ansage (Teil 2)

Es herrscht großer Gesprächsbedarf in den pädagogischen Einrichtungen Deutschlands. Diesmal ist es die Leiterin der Kita »Am Waldrand«, Angela B., die zum gepflegten Erziehungsplausch bitten wird. Wir schalten schnell dorthin, denn die Erzieherin wird gerade wieder Zeugin von Johannas Wutausbruch:

Das Geschrei ist einmal mehr unerträglich. Martin, Johannas Vater, hat schon wieder die anderen Kinder begrüßt. Ich bin ja nicht zum ersten Mal Zeuge dieses unglaublichen Vorfalls. Die zweijährige Prinzessin will nicht nur, dass ihr Vater nicht die anderen Kinder begrüßt, sie will dieses nicht und jenes nicht. Sie will vor allem immer etwas NICHT! Und so entscheide ich mich zu einem Gespräch mit dem Königspaar, vielleicht können wir ja gemeinsam eine Lösung finden. Das Krisengespräch findet am gleichen Nachmittag statt und ich komme sofort zur Sache: »Johanna tanzt Ihnen auf der Nase rum. Jeden Morgen bekommt sie einen Tobsuchtsanfall, weil Sie, Martin, die anderen Kinder begrüßen. Und Sie entschuldigen sich bei ihr auch noch dafür!« Eva warf ihrem Mann einen vernichtenden Blick zu. Ich hatte sofort ein schlechtes Gewissen, schließlich stand Martin wie ein Vollversager da. Eine Witzfigur, die sich von seiner zweijährigen Tochter den Mund verbieten ließ. Aber das war die Wahrheit! Also berichtete ich weiter, denn es ging hier auch um unsere Arbeit: »Johanna macht, was sie will. Sie hält sich an keine Regeln, sie akzeptiert kein Nein. Weil sie es von Ihnen und zu Hause gewohnt ist, immer ihren Willen zu bekommen!« Die beiden schwiegen betreten. »Johanna schreit fast nur noch rum. Sie macht sich, uns und den anderen Kindern den Tag fast unerträglich!«

Doch ich konnte mir den Mund fusselig reden. Da saßen nur zwei hilflose Gestalten mit einem riesengroßen schlechten Gewissen. Das gaben sie auch zu. Ihnen täte es in der Seele weh, dass sie beide Vollzeit arbeiten und ihren Liebling nun den ganzen Tag abgeben müssten.

Mit anderen Worten: Sie setzten ihre kleine Prinzessin jeden Morgen »Am Waldrand« aus und ließen sie alleine. Dafür mussten sie Abbitte leisten. Und so hatte Johanna längst das Zepter bei Hofe übernommen. Und wenn sie nicht gestorben sind, dann entschuldigt sich der Papa auch heute noch für seine unerhörte Höflich- und Freundlichkeit …

Eine wilde Verfolgungsjagd

Auch Erzieherin Maren G. von der Kita »Die kleinen Strolche« aus Bonn hat großes Verständnis für notleidende Eltern. Wie die folgende spannende Geschichte zeigt:

Meine Kollegin Ulla und ich planten einen Ausflug. Wir wollten mit dem Linienbus zur Fähre fahren, auf die andere Rheinseite übersetzen, zum Streichelgehege spazieren, dort den Tag verbringen, ein Picknick veranstalten und dann mit der Fähre wieder zurückfahren. An der Anlegestelle sollten die Eltern ihre Kinder später wieder abholen. »Welche Eltern sollen wir ansprechen, ob sie uns begleiten?«, fragte Ulla. »Auf gar keinen Fall Felix' Vater!«, antwortete ich sofort. Herr Wunderlich war eine Nervensäge, der ständig irgendetwas zu meckern hatte. Wir machten nichts richtig, er wusste immer alles besser. Markus Wunderlich war Architekt, aber für Ulla und mich war er Psychologe, Pädagoge, Ernährungswissenschaftler und Kinderarzt in einer Person. Sein Söhnchen Felix war gerade zwei Jahre alt geworden und erst seit ein paar Wochen bei uns. Wir einigten uns auf zwei Mütter, die wir ansprechen wollten, und hatten Glück: Frau Berger und Frau Thompson sagten begeistert zu. Dennoch bot sich der stets aufmerksame und hilfsbereite Herr Wunderlich natürlich auch als Betreuungs- und Begleitperson an. »Einen Mann dabei zu haben kann ja nicht schaden«, sagte er jovial, und ich bedankte mich höflich, lehnte aber ab. »Wir sind bereits zu viert, das ist mehr als genug, Herr Wunderlich. Aber dennoch: Sehr nett von Ihnen.« Da Felix' Vater nicht so leicht abzuwimmeln war, musste auch Ulla ihm noch zweimal für sein außerordentliches Engagement danken, aber ihm »leider, leider« mitteilen, dass wir schon andere eifrige Helferinnen gefunden hatten.

An einem sonnigen Maitag zogen wir also los. Meine Kollegin und ich betreuten damals vierzehn Kinder im Alter zwischen sechs Monaten und fünf Jahren. Die Kleinen saßen in einem Bollerwagen, die anderen liefen nebenher. Auf dem Weg zur Bushaltestelle bemerkte Ulla im Augenwinkel eine Bewegung, sie drehte sich um und sah Herrn Wunderlich an einer Straßenecke stehen. Freundlich wie sie war, winkte sie kurz, dann lief sie weiter. Als wir alle Kinder inklusive Bollerwagen im Bus verstaut hatten, glaubte ich an eine Fata Morgana. Oder doch nicht? Ganz hinten im Bus saß tatsächlich Herr Wunderlich! Schnurstracks lief ich auf ihn zu. »Hallo!« Der Architekt lächelte mich an, sagte aber nichts. »Fahren Sie immer mit der Linie 3 zur Arbeit? Sie haben doch ein Auto, oder täusche ich mich da?«, fragte ich neugierig (und hoffte, nicht zu frech zu sein!). »Ich habe heute frei«, erwiderte Wunderlich knapp und blickte aus dem Fenster. »Na, dann einen schönen Tag!« An der Station »Anlegestelle Fähre« stiegen wir aus. Auch Herr Wunderlich. Mit einem Abstand von einigen Metern lief er uns hinterher. Nun drehte meine Kollegin sich um und ging ihm entgegen. »Entschuldigung, Herr Wunderlich, verfolgen Sie uns?« Sie betonte es ein wenig ironisch und lachte dabei, schließlich wollte sie keinen Ärger mit einem Elternteil. (Keiner möchte Ärger mit einem Elternteil!) »Nein, wieso? Ich gehe spazieren.« »Da ist aber ein Zufall, nicht wahr? Ausgerechnet hier und heute?« Ulla war seit über dreißig Jahren Erzieherin und eine

Seele von Mensch, aber verarschen sollte man sie nicht! Da war sie echt empfindlich. »Ich kann ja wohl spazierengehen, wo ich will!« Jetzt war Wunderlich anscheinend sauer, er beschleunigte seine Schritte und hielt Ausschau nach unserer Gruppe, die sich Richtung Fähre bewegte. »Wollen Sie etwa auch mit der Fähre fahren?« Ulla trabte neben ihm her. Aber Wunderlich gab ihr keine Antwort, und so lief sie voraus, zu uns zurück. Wir standen bereits an der Anlegestelle und schauten dem Bötchen zu, das nun aufs Ufer zusteuerte. »Der Wunderlich verfolgt uns«, flüsterte sie mir zu. Blitzschnell drehte ich mich um und sah ihn am Fahrkartenhäuschen stehen. »Ach du Scheiße, hoffentlich bemerkt Felix den nicht!« Wir blickten beide zu dem Kleinen, der rundum zufrieden im Bollerwagen hockte und fasziniert auf das Schiff starrte. Als unsere Gruppe an Bord gegangen war, sah ich den Schatten namens Wunderlich ganz vorne am Bug der Fähre. Ab und zu drehte er sich um, doch sonst schien er kaum Notiz von uns zu nehmen. Ich überlegte, oh ich ihn erneut zur Rede stellen sollte. Es war ja eindeutig, dass er uns verfolgte. Andererseits konnten wir ihm nicht verbieten, Fähre zu fahren. Ich versuchte, ihn einfach zu ignorieren. Nach der fünfminütigen Überfahrt legte das Schiff an und Ulla, Frau Berger, Frau Thompson und ich gingen mit den Kindern wieder an Land. Bis zum Freigehege mit den Ziegen und Schafen, den Hasen und Meerschweinchen und Miniponys waren es knapp zehn Minuten Fußweg. Ulla und ich drehten uns immer wieder um. Der Verfolger hielt zwar gut zwanzig Meter Abstand, aber er kam eindeutig hinter uns her. Mittlerweile hatten auch Frau Berger und Frau Thompson den Vater entdeckt. »Und warum geht er nicht einfach mit uns zusammen?« Frau Berger dachte durchaus praktisch, kannte aber Herrn Wunderlich nicht näher. Wir wollten ihn natürlich nicht in die Pfanne hauen, schwierig, das zu erklären. »Er ist gar nicht offiziell bei unserem Ausflug dabei. Sie beide sind ja unsere Begleitung.« Frau Thompson schaltete sofort. »Ach, überwacht der uns etwa?« »Das ist ja der Hammer!«, rief jetzt auch Frau Berger empört, und wir mussten die Mütter beruhigen. Außerdem sollte Wunderlich nichts mitkriegen. Am Streichelgehege angekommen trieb sich unser Schatten immer in der Nähe rum, nun beobachtete er genau, was geschah. Die Kinder bekamen Wildfutter und verfütterten es an die Ziegen.

Ulla beugte sich zu Felix hinunter und schüttete etwas Futter in seine kleine Hand. »So, jetzt kannst du die Hand ganz flach machen und der Ziege hinhalten.« Langsam streckte er sein kleines Händchen aus, damit eine braune Ziege die Leckerchen von seiner Hand schlecken konnte. Plötzlich stand Herr Wunderlich im Gehege. »Vorsicht, Felix, man darf Tieren niemals vertrauen!« Sowohl Felix als auch Ulla erschreckten sich beinahe zu Tode. »Papi?« Herr Wunderlich schaute uns mit funkelnden Augen an. »Wie gut, dass ich heute auch zufällig hier bin! Man muss den Kindern doch den Umgang mit wilden Tieren erst einmal erklären. Man kann sie doch nicht einfach auf die Viecher loslassen!« Augenblicklich zogen die größeren Kinder ihre Hände zurück und schauten verunsichert rüber. »Beißen die?«, fragte Marie. »Natürlich können die auch beißen!«, versicherte Herr Wunderlich. »Manche können auch Krankheiten übertragen.« Nun übernahm unser Mann für alle Fälle das Kommando. Er hielt einen Vortrag über den richtigen Umgang mit Tieren, über Fehler und Gefahren, und klärte uns Erwachsene auf, wie man Kinder auf einen Besuch im Streichelzoo optimal vorbereitete. Irgendwie hatten die meisten Kinder plötzlich keine Lust mehr auf Hasen und Meerschweinchen, weil die so »spitze« Zähne haben. (»Achtung, Kinder! Hasen haben zwei Paar Schneidezähne!«) Beim Picknick achtete Herr Wunderlich darauf, dass die Schokokekse unangetastet im Rucksack blieben, auf dem Rückweg zog er den Bollerwagen: »Dann kann nichts passieren. So ein Ding kippt leicht um.« Auf der Fähre mussten wir in der Nähe eines Rettungsbootes stehen und beim Verlassen derselben stand Herr Wunderlich an Land und half jedem einzelnen Kind über die Rampe. Nicht auszudenken, wenn sie über das zwei Meter breite Ding hätten alleine gehen müssen. Eigentlich war es ein Wunder, dass wir überhaupt lebend zum Tiergehege gekommen waren. Sicher hatten wir einen Schutzengel, der uns auf allen Wegen begleitet hat …

Der Mob

Ein Glück, dass der Herr Wunderlich aufgepasst hat! Man kann heutzutage gar nicht vorsichtig genug sein! Dieser Vater ist ja nicht verrückt! Im Gegenteil! Glücklicherweise gibt es immer mehr Eltern, die Augen und Ohren offen halten. Das Erziehungspersonal weiß das leider nur nicht immer zu würdigen:

»Es gibt Eltern, die ihre Zwangsneurosen und Psychosen in Kitas so richtig ausleben.« Erzieher berichten von »extrem aufmerksamen« Eltern, die regelmäßig kontrollieren, ob Türen gut verschlossen, Gartenzäune stabil und Fluchtwege frei sind. (In diesem Zusammenhang fielen die Begriffe »leicht neurotisch« und »schwer paranoid«.) Ist das Spielgerüst TÜV-geprüft und wenn ja, wo ist das Zertifikat? Gibt es elektronische Geräte wie Toaster, Wasserkocher oder Waffeleisen? Sind sie für die Kinder möglicherweise erreichbar? Ist der fremde Mann in der Teeküche wirklich der Installateur?

Nun ist ein neuer Angstgegner aufgetaucht: Mobbing. Früher fand das Fritzchen den Hans einfach doof, die beiden haben sich gegen das Schienbein getreten und man wusste, sie werden niemals Freunde sein. Mädchen zickten sich auf dem Schulhof an, lästerten bis zum Gehtnichtmehr und hassten sich so sehr, dass Tagebucheinträge nachträglich zensiert werden mussten. Heute herrscht sofort Mobbingalarm!

Bei uns hieß das damals: »Lass die das mal schön unter sich ausmachen!« Wir hätten auch gerne eine Horde professioneller Helfer, ein mobiles Mobbing-Einsatzkommando gehabt. Und ich werde den Verdacht nicht los, dass unsere Pädagogen auch daran wieder rummäkeln:

Ein Lehrer berichtete, dass bei den ersten Anzeichen von Zank und Streit die Eltern auf der Matte stehen. Dann müssen die Schulpsychologin und ein Mediator eingeschaltet werden.

»Aus einem harmlosen Kinderkrach«, so Grundschullehrerin Ingrid B., »wird in Windeseile ein Mobbingfall.« Die armen Kinder würden vor Konferenzen gezerrt, bis sich am Ende rausstelle, dass irgendeiner *Blödmann* gesagt habe. Die Eltern nähmen die »Beleidigungen« persönlich, ihnen bereite das körperliche Probleme und sie könnten damit überhaupt nicht umgehen, wenn ihr Sohn oder ihre Tochter »angegriffen« würde. Im Prinzip würden sie also quasi mitgemobbt!

Auch Kornelia D. kennt das aus ihrem Arbeitsalltag:

»Wir erleben es, dass Eltern auf andere Kinder losgehen, die ihr geliebtes Kindchen angeblich anfeinden oder mobben! Und deren Eltern bekommen davon natürlich Wind und beschweren sich dann bei uns! Ja, bei uns auf dem Schulhof können Sie was erleben!«

Neben Selbstjustiz ist so ein brisanter Mobbingfall oft auch ein willkommener Grund für die Elternschaft, sich mal wieder auf einen guten Roten zu treffen. Es wird dann ausführlich über Opfer und Täter debattiert, da haben viele Experten viel zu analysieren. Die Ergebnisse werden von den Elternvertretern präsentiert und da kann es schon mal passieren, dass ein Lehrer gleich vier Vätern gegenübersitzt. (Man konnte sich einfach nicht auf einen oder zwei Vertreter einigen.) Generell ist es natürlich wichtig, dass die Mütter und Väter eine Stimme haben, die für sie spricht. Es dürfen aber auch gerne ein paar mehr sein …

Und dann wird der Fall, gerne auch mal mittels anonymen Anschuldigungen und ominösen Unterstellungen, sachlich erörtert. Schnell ist der Schuldige ausgemacht, und der Lehrer bekommt die Chance, sich zu entschuldigen, das ist auch keine Selbstverständlichkeit! Wie gesagt, Mobbing ist ein an Schulen und Kindergärten weit verbreitetes Phänomen …

Wehret den Anfängen

Die Erzieherin Vicky L. stellt uns nun Milena und ihre Geschichte vor. Vielleicht das jüngste Mobbingopfer aller Zeiten und ein wahrhaft skandalöser Fall:

Angefangen hatte es eine Woche zuvor, Milena war sauer gewesen. Welche Laus ihr über die Leber gelaufen war, konnte ich an jenem Morgen nicht herausfinden. Tatsache aber war, dass die Vierjährige (»Aber fast fünf!«) schlecht gelaunt durch den Gruppenraum lief und die anderen Kinder an ihrer miesen Stimmung teilhaben ließ. Bei einem Grüppchen von vier Kindern blieb sie stehen. Zwei Jungen und zwei Mädchen im Vorschulalter bauten mit den neuen Bausteinen eine Stadt ohne Straßen. Sie hatten den großen Parkplatz vor die Tore der Stadt verlegt, dort mussten alle ihre Autos abstellen. Milena stieß gegen ein Haus und Tom sagte: »Ey, pass doch auf.« »Ich will auch mal mitbauen«, erwiderte Milena und sie wählte nicht gerade den freundlichsten Ton. »Nein, das geht nicht.« Tom schob sie ein wenig zur Seite, damit er besser an die Kiste mit den Bausteinen herankam. Milena schrie sofort los. »Der Tom hat mich geschubst!« Ich sah die vier, die bis dahin einträchtig zusammen gespielt hatten, und eine kreischende Milena, die mit dem Finger auf Toms Arm einstach. Sofort ging ich hinüber, mir war klar, dass Milena die friedliche Baugruppe nur stören würde. »Die lassen mich nicht mitspielen!«, keifte sie los und ich machte ihr ein paar alternative Vorschläge: »Komm, wir beide bauen was zusammen. Hast du eine Idee?« Milena schmollte. Mit mir wollte sie nicht bauen. Also versuchte ich, sie bei zwei vierjährigen Mädchen zu integrieren, die Girlanden für das Sommerfest bastelten. Kaum saß Milena am Tisch, gab es Streit. »Die macht alles kaputt!«, rief Felizitas und ich musste Milena erneut anderweitig beschäftigen. So ging das den ganzen Morgen. Milena war ein ständiger Krisenherd und die Kinder waren genervt. Sogar ihre Freundinnen wollten nicht mit ihr spielen. Das kam vor, jeder hat mal einen schlechten Tag.

Am nächsten Morgen kam Milena mit ihrer Mutter Anna in die Kita und ich sah der Kleinen an, dass sie auch heute auf Krawall gebürstet war. »Vicky, ich muss mit dir sprechen«, Annas Ton war eisig. »Die Milena wird hier gemobbt!« Ich war völlig perplex. Das Mädchen war gut in die Gruppe integriert, sie hatte Freunde. Es gab Auseinandersetzungen und Streitereien – aber alles total unauffällig. Bevor ich etwas erwidern konnte, fuhr Anna fort: »Milena wird ausgeschlossen, keiner will mit ihr spielen und du bist immer auf der Seite der anderen. Das ist Mobbing!«

Ich atmete tief durch. »Können wir das vielleicht heute Nachmittag in Ruhe besprechen und nicht hier vor den Kindern?« »Du gibst also zu, dass meine Tochter gemobbt wird?« »Nein«, ich schüttelte den Kopf. »Milena wird ganz bestimmt nicht gemobbt. Sie hatte gestern einen schlechten Tag und deshalb gab es ein paar kleine Streitereien mit den anderen Kindern, nichts Dramatisches.« – »Ach, Milena hatte einen schlechten Tag!« Anna baute sich auf und verschränkte ihre Arme. Einige Kinder schauten verunsichert herüber. »Keiner lässt sie mitspielen, alle schließen sie aus! Und Schuld ist sie selber, oder was?« Ich hätte am liebsten einfach nur »ja« gesagt, stattdessen versuchte ich noch einmal, die aufgebrachte Mutter zu beruhigen. »Es war wirklich alles ganz harmlos, lass uns später darüber sprechen.«

Milena stand die ganze Zeit an der Seite ihrer Mutter, das Kinn trotzig nach vorne gereckt. Anna schaute hektisch auf die Uhr: »Ich muss jetzt los, aber das Thema ist noch nicht erledigt!« Dann stapfte sie raus.

So verging Tag um Tag, Milena steigerte sich in ihre Opferrolle hinein und Anna wurde immer hysterischer. Nach einer Schimpftirade verließ Anna mal wieder energischen Schrittes die Kita und ich wendete mich Milena zu. »Guten Morgen! Wie geht es dir?« Doch die fast Fünfjährige gab keine Antwort, sie starrte in den Gruppenraum. Dort hatten sich schon die meisten Kinder ihrer Altersgruppe auf dem Teppich versammelt und zeigten sich gegenseitig ihre Lieblingsbücher. Es war Vorlesetag und Milena hatte kein Buch von zu Hause mitgebracht! Das hatten Anna und sie heute bei der allmorgendlichen Mobbing-Aufregung wohl total vergessen. »Kein Problem, Milena. Wir gehen ins Büro und dann darfst du eins von unseren Büchern aussuchen.« Milena schüttelte den Kopf: »Nein, ich mach nicht mit bei eurem blöden Büchertag!« Ich gab mir die größte Mühe, hatte aber keine Chance. Sogar Charly, Milenas Freundin versuchte es immer wieder, aber Milena zog sich zurück. Sie wollte ein bedauernswertes Mobbingopfer sein. Charly ließ aber nicht locker und hatte damit Erfolg.

Doch als Milenas Mutter am Nachmittag in die Einrichtung kam, hatte ihre Tochter sich vorher in den Schlafraum zurückgezogen, wo sie alleine in der Ecke schmollte. Kurz zuvor hatte sie noch vollkommen zufrieden mit Charly gespielt. »Wieso ist Milena schon wieder alleine?«, keifte Anna sofort los. »Sie wollte es so«, antwortete ich und die Kleine zischte: »Die haben mich schon wieder gemobbt.« Da hatte sie ein schönes neues Wort gelernt! Ihre Mutter trieb die Mobbing-Kampagne immer weiter, die Entwicklung war nicht mehr aufzuhalten. Stieß Milena bei anderen Kindern auf Kritik oder Ablehnung (was in einem völlig normalen Rahmen vorkam, wie es immer unter Kindern vorkommt), schrie sie sofort »Mobbing!« und berichtete ihrer Mutter von den »total gemeinen« Machenschaften der anderen. Irgendwann saß Anna bei unserer Leiterin und beantragte, eine Dienstaufsichtsbeschwerde gegen mich zu erwirken, da ich angeblich nicht verhinderte, dass Milena gemobbt wurde; zudem war ich in Annas Augen auch maßgeblich an der »ganzen Schweinerei« beteiligt. »Warum sollte ich das tun?«, fragte ich bei einem klärenden Gespräch mit Anna vollkommen fassungslos. »Weil du ihr nicht gewachsen bist. Milena ist überdurchschnittlich intelligent und anspruchsvoll. Und deshalb hasst du sie!« Davon war die Mutter überzeugt und das Thema erledigt. Meine Chefin schlug vor, Milena bis zum Schulanfang in einer anderen Gruppe unterzubringen. Die Dienstaufsichtsbeschwerde konnten wir somit gerade noch abwenden! Als Milena am Montagmorgen im Stuhlkreis saß, erzählte mir meine Kollegin in der Mittagspause, verkündete sie als erstes: »Wenn mich hier einer mobbt, den zeigen meine Eltern sofort an.«

Es geht doch nichts über einen guten Start in den Tag …

Mobbing für Fortgeschrittene

Da fragt man sich schon, wie aus lieben Kindern grausame Mobber werden? Von ihren Eltern lernen sie das bestimmt nicht! Die Kinderpflegerin Ellen hat allerdings andere Erfahrungen gemacht. Sie arbeitet in einer Kita, wo sie die Zwei- bis Vierjährigen mitbetreut. Ellen:

Auf dem Flur hatten sich zwei Mütter festgequatscht, die ich nicht kannte. Ich war nur aushilfsweise bei den Vorschulkindern. Die beiden hatten sich zum gemütlichen Lästern eingefunden und machten sich nicht die Mühe zu verbergen, dass auch ich Thema ihres Gespräches war. Als sie mich erblickten, sagte die eine laut und deutlich: »Warum arbeitet denn die Dicke immer noch hier? Sollte die nicht gefeuert werden?« Damit ich auch ganz sicher wusste, dass ich gemeint war, zeigte sie vorsichtshalber noch mit dem Finger auf mich.

Man muss auch Kritik vertragen können. Das wissen wir spätestens, seit es »Germanys Next Topmodel« gibt. Und seitdem hat auch pummeliges Personal in der Öffentlichkeit nichts mehr verloren.

Big sister is watching you (Teil 2)

Zu dick ist Arzu nicht, dafür sorgt Kontrollfreak Thekla. Die Mutter der kleinen Rosa hält die Erzieher mit ihrer Rund-um-die-Uhr-Überwachung auf Trab. Nachdem die besorgte Mama es nun auf die Spitze getrieben hatte, möchte Arzu mit ihr ein ernstes Wort reden:

Ich versuchte Rosas Mutter zu erklären, dass die täglichen Anrufe in der Kita aufhören müssten. »Ich will doch nur wissen, wie es meiner Kleinen geht«, meinte Thekla trotzig. Schließlich sei sie eine gute und fürsorgliche Mutter. »Aber Fotobeweise gehen eindeutig zu weit!«, entgegnete ich und warf meinem Kollegen Hendrik einen Blick zu. Er nickte. Thekla war zerknirscht, gab sich aber noch nicht geschlagen. »Das mit den Anrufen ist ja sowieso nur eine Frage der Zeit. Wenn Rosa alt genug ist, dass sie selber telefonieren kann, dann werde ich sie direkt anrufen. Dann muss ich euch nicht mehr belästigen.« Ich war sprachlos und Hendrik sagte mir später, er hätte kurz über eine Webcam im Gruppenraum nachgedacht, damit die Eltern zu jeder Zeit mal »reinschauen« könnten. Alles besser als Telefonterror.

Seitdem wartet Arzu auf den Tag, an dem Rosa mit ihrem eigenen Smartphone in den Kindergarten kommt. Wahrscheinlich in Rosa …

RUF MICH AN!

Warum denn nicht? Wenn Rosas Mutter schon den ganzen Tag arbeiten muss, dann kann sie die Entwicklung ihrer Tochter wenigstens am Smartphone begleiten.

Wir leben in der totalen Kommunikationsgesellschaft und auch die Kleinsten können damit gar nicht früh genug konfrontiert werden! Smartphones, Tabletcomputer, SMS, E-Mails und Facebook sind unsere ständigen Begleiter. Da könnte die kleine Rosa doch auch mal schnell twittern, was es heute in der Krippe zu essen gibt. Oder ein Foto vom Häufchen posten. Das, was

Arzu und Hendrik erlebt haben, ist vergleichsweise harmlos zu dem, was Lehrer für Erlebnisse auf Lager haben.

Doch bevor wir dazu kommen, eine wichtige Anmerkung: Ausnahmslos ALLE Lehrer antworteten auf meine Frage »Haben die Eltern Ihre Handynummer?«: »Nicht mehr.« Was ist denn da bloß schiefgelaufen? Schauen wir mal:

In den ersten Grundschulklassen dominieren informative SMS am Morgen über vergessene Pausenbrote und nicht erledigte Hausaufgaben. Früher riefen unsere Eltern im Schulsekretariat an, um uns krankzumelden. Heute geht das persönlicher.

Die Berliner Lehrerin Ingrid B.: »Eines Morgens bekam ich um 6.30 Uhr einen Anruf. Eine Mutter informierte mich darüber, dass ihr Kind aus gesundheitlichen Gründen nicht zum Unterricht kommen könne. Da sie mich schon mal dran hatte, kam gleich im Anschluss die Frage: »Und, wie ist mein Kind so?«

Zack, zwei Fliegen mit einer Klappe! Das ist Eltern-Effizienz im 21. Jahrhundert. Wozu einen Termin vereinbaren? Da kann man doch mal eben um halb sieben ein informatives Gespräch führen.

Später kommen dann (wie es Frank G. erlebt hat) ellenlange E-Mails am Abend oder in der Nacht, die in Form und Ton nicht immer den Vorstellungen des Lehrkörpers entsprechen. Dabei darf ein gestresster Papi doch nach Feierabend auch mal ein Fläschchen Rotwein trinken, bevor er den Klassenlehrer schriftlich nach Strich und Faden beschimpft. Da sollte man nun wirklich nicht so empfindlich sein! Aber es gibt auch noch genug Exemplare, die am Abend mal bei den Lehrern durchklingeln. Wenn man einfach in ihren Unterricht latschen kann, dann kann man auch in ihrem Privatleben vorbeischauen – virtuell oder eben telefonisch. Der kurze Dienstweg.

Und wenn dann so ein Pädagogen-Mobiltelefon heiß läuft, weil mehrmals wöchentlich angerufen wird, dann muss so mancher Lehrer wohl oder übel die Eltern bitten, doch damit aufzuhören. Allerdings auch mehrmals. Da sind die Großen wie die Kleinen, sie hören manchmal schlecht.

Doch es geht auch ganz altmodisch. Da werden abgerissene Zettel mit unleserlichen Botschaften vollgekritzelt und den Pädagogen im Vorbeigehen in die Hand gedrückt: »Mick geht heute nach der dritten Stunde nach Hause.« Wieso, weshalb, warum? Eltern haben keine Zeit für Erklärungen.

Nichts für schwache Nerven

Ein Thema sorgte bei meinen Recherchen ebenfalls für viel Wirbel: Elternabende! Es scheinen wahre Debatten-Eldorados zu sein. Meine Vorstellungen von Elternabenden sind – das weiß ich jetzt – total veraltet. Und so habe ich mir Geschichten rund um das Thema erzählen lassen, von A bis Z, damit ich wieder auf dem neuesten Stand bin!

Die Lehrerin Ingrid B.: »Die erste Einladung zum Elternabend schicke ich drei Monate im Voraus, die zweite einen Monat später und die dritte nach wiederum einem Monat. Ein paar Tage vorher erinnere ich noch einmal an den Termin. Und dennoch kommen einige Eltern nicht. Auf Nachfrage erfahre ich von meinen Schülern, ihre Eltern hätten die Einladung(en) verloren.«

Doch das macht ja nichts, die säumigen Mamas und Papas holen sich dann einen Extra-Termin, ganz persönlich und maßgeschneidert. Hauptsache unkompliziert!

Nun zum Elternabend und denen, die gekommen sind:

Früher nahmen Lehrer diese Veranstaltung zum Anlass, ein Sakko zu tragen. Auch die Eltern erschienen in »korrekter« Kleidung und saßen brav auf kleinen Stühlchen. Heute schlurfen kreative Medienleute in zerrissenen Vintage-Jeans in die Klassenräume, fläzen sich auf die Stühle, kippeln damit rum und legen die Füße aufs Pult. Weil es cool ist. Füße auf dem Tisch, das symbolisiert Überlegenheit und Macht. Mir kann keiner was verbieten! Das sicher prominenteste Beispiel dafür ist Barack Obama. Es gibt zahlreiche Fotos aus dem Oval Office, da liegen die Füße des amerikanischen Präsidenten auf dem Schreibtisch. Also, liebe Väter (Frauen dürfen das noch nicht, kommt aber sicher auch bald!), nur zu, legt eure Füße auf die Tische, damit die Lehrer gleich wissen, wen sie vor sich haben! An einer anderen Grundschule erscheinen Mütter (die sich heute übrigens genauso kleiden wie ihre elfjährigen Töchter) im schwarzen BH unter durchsichtiger Bluse mit hautengen Leggings und High Heels zum Elternabend. Passend dazu ein schreiendes Baby auf ihrem Arm. Da sitzen junge Männer breitbeinig mit hinter dem Kopf verschränkten Armen, andere tippen und wischen ununterbrochen auf ihren Smartphones rum. So wie es ihre Kinder später im Unterricht auch machen. Einfache Vererbungslehre.

In völlig entspannter Überlegenheitshaltung, mit Füßen auf dem Tisch oder schreiendem Baby im Arm, kann man nun prima klarmachen, wo es langgeht. Mama und Papa lassen sich hier nach Herzenslust über alles aus: Lehrpläne, Unterrichtsmethoden, Benotungssysteme – aber vor allem über den richtigen Umgang mit ihren Liebsten!

Eine Kostprobe lieferte mir Ingrid B. zum Thema: Unsere Kinder müssen nichts müssen! Unsere Kinder sollen selbst entscheiden!

Ich wollte meinen Schülern die mitunter trockene Musiktheorie wie Notenzeichen lernen mithilfe eines Instruments näherbringen. Also schlug ich auf dem Elternabend vor, Blockflöten für alle Kinder zu besorgen.

Die Mütter und Väter schauten mich völlig fassungslos an, und nach einer Art Schockstarre ereiferten sich die Ersten: »Das können wir doch jetzt und hier nicht einfach entscheiden! Das müssen unsere Kinder entscheiden! Das können wir nicht bestimmen!« Ich dachte, ich höre nicht richtig – und ich war auch nicht bereit, das so hinzunehmen! Also schlug ich vor, sie sollten bitte mit ihren Kindern bis zum nächsten Elternabend in einem halben Jahr entschieden haben, ob diese Blockflötenunterricht bekommen möchten oder nicht. Dann trat eine betretene Stille ein. Das erschien den »Erziehungsberechtigten« dann wohl doch zu blöd. Die Debatte verflachte und wir fällten an diesem Abend tatsächlich die Blockflöten-Entscheidung. Über die Köpfe der Kinder hinweg!

Eine wahre Revolution! Da muss man den tollkühnen Eltern aber mal ein großes Lob aussprechen!

Eine weitere Elternabend-Anekdote liefert uns Kornelia D.:

Meinen Kollegen und mir war seit einiger Zeit aufgefallen, dass die Kinder, nachdem sie auf der Toilette waren, nicht mehr spülten. Sie hinterließen einfach sämtliche Geschäfte in der Kloschüssel. Ich sprach das Problem beim Elternabend an. Und kaum hatte ich mein Anliegen vorgebracht, erwiderte ein Vater (promovierter Naturwissenschaftler, von ihm werden wir noch hören!): »Das ist ja auch kein Wunder. Wie sollen die Kinder lernen, ihr Geschäft zu beseitigen, wenn sie da draußen auf der Straße überall Hundekacke rumliegen sehen?!« Ich gebe zu, ich war sprachlos. Auf diesen Vergleich muss man erst mal kommen!

In der Tat. Man mag sich gar nicht vorstellen, wie die Toiletten zu Hause aussehen. Vielleicht hängen da aber auch diese braunen Tüten im Badezimmer, mit denen man normalerweise das Geschäft der Vierbeiner entsorgen kann.

Kleine Genies

Elternsprechtage eignen sich hervorragend, um begriffsstutzigem Lehrpersonal auf die Sprünge zu helfen und die schulischen Leistungen des Kindes nach oben zu korrigieren. Eine Lehrerin:

Ein Schüler hatte einen Notendurchschnitt von 4,0. Hier eine gymnasiale Empfehlung auszusprechen wäre natürlich Blödsinn. Außerdem geht das gar nicht, wir müssen uns schließlich an bestimmte Vorgaben halten. Aber das war den Eltern vollkommen egal! Sie wollten unbedingt, dass ihr Sohn aufs Gymnasium ging. In einem Gespräch versuchte ich sie von ihrem Vorhaben abzubringen, doch jede Diskussion war zwecklos. Es ging nicht um den Jungen und was für ihn gut wäre, es ging nur darum, was Mutter und Vater wollten. Irgendwann gab ich einfach auf. Und so wanderten die beiden tatsächlich mit meinem Bericht und der Hauptschulempfehlung zu einem Gymnasium.

Eltern erkennen Potenzial, das noch gar nicht vorhanden ist. Dazu sind die meisten Lehrer nicht in der Lage. Noch einmal die Berliner Erzieherin Kornelia D.:

Der achtjährige Albert hat große Probleme in der Schule und nach diversen Tests erkannte die Sonderpädagogin eine Teilleistungsstörung. Bei Albert liegen demnach Leistungsdefizite in einigen Funktionsbereichen vor, was aber nichts mit seiner Gesundheit oder Intelligenz zu tun hat. In seinem Fall ist es eine Lese- und Rechtschreibstörung. Alberts Gehirn hat bestimmte Fähigkeiten nicht entwickelt, sie beeinträchtigen aber die Intelligenz nicht, nur die Ausführung.

Eigentlich eine gute Diagnose, denn der Junge ist nicht dumm. Bei der Beurteilung seiner schulischen Leistungen berücksichtigt man diesen Umstand, indem man bestimmte Teilbereiche einfach nicht bewertet. Grundlage sind die Diagnose und das amtliche Attest. So weit, so gut. Aber in der Welt von Alberts Papa, dem Erfinder der Hundekot-Theorie, sind Teilleistungsstörungen nicht vorgesehen. Und schon gar nicht bei seinem hochbegabten Sohn. Der wird mal Physiker, mindestens! Und so haben wir, Lehrer, Sonderpädagogen und Erzieher, auf seinen Vater eingeredet, ihm mit viel Geduld die Diagnose und die damit verbundenen Vorteile erklärt. Aber davon möchte Alberts Vater nichts wissen: »Alles völliger Quatsch! Mein Sohn hat keine Leistungsstörungen! Ihr seid nur nicht in der Lage, den Stoff zu vermitteln!« Und so kämpfen wir weiter, damit der kleine Albert später eine schöne Erinnerung an eine erfolgreiche Schulzeit hat.

Es klingt aber auch dramatisch! Leistungsdefizite in Funktionsbereichen! Man stelle sich vor, bei Einstein wäre eine Teilleistungsstörung diagnostiziert worden! Dann wäre die schöne Zukunft im Eimer gewesen und er relativ schnell weg vom Fenster …

Wenn es also an die Beurteilungen und die damit verknüpften Empfehlungen vor allem auch für die weiterführenden

Schulen geht, sind die Eltern natürlich auf der Hut. Da kann so ein Lehrer nicht schreiben, was er will. Ruck, zuck stehen die Eltern vor der Tür, ach was, die schauen freundlicherweise schnell im Unterricht vorbei, damit der Bericht mal eben wunschgemäß geändert wird. Wie, der ist schon endgültig, versiegelt und von der Schulleitung abgestempelt? Macht doch nichts! Da muss man auch als Lehrer flexibel bleiben.

Da hatten die Eltern für ihren Sohn ein besonders angesagtes Gymnasium ausgewählt und der Klassenlehrer sollte dieses doch bitte in sein Empfehlungsschreiben aufnehmen. Nun gab es aber plötzlich eine Schule, die noch cooler war als die andere, und da war es doch klar, dass der Filius dort hingehen sollte. Also, bitte ändern, aber dalli!

Warum hat man denn plötzlich etwas gegen Eltern, die sich engagieren? Kümmern sie sich nicht, ist es auch nicht gut!

Ein Berliner Lehrer: »Am liebsten wollen die Eltern eine Mitmachschule! Sie möchten den Unterricht auch praktisch mitgestalten. Die wollen einfach gerne da vorne stehen!«

Belagerungszustand

Es kommt eben auf die richtige Balance zwischen Engagement und Zurückhaltung an. Manchmal muss man sich als Eltern einfach raushalten und die Dinge laufen lassen.

Wie diese freundliche Mutter es getan hat, mit der ich im Kaufhaus Bekanntschaft machen durfte. In der Dessousabteilung. Es gab vier Umkleidekabinen, und alle waren besetzt. Das heißt, in dreien probierten Kundinnen BHs, Mieder oder Nachtwäsche an, in einer hockte ein kleines Mädchen auf dem Boden und zog ihre Puppe an und aus. »Entschuldige, könntest du vielleicht hier draußen mit deiner Puppe spielen? Dann könnte ich die Sachen anprobieren.« Sie schüttelte den Kopf. »Nein, meine Mami hat gesagt, ich soll hierbleiben.« Das war im Prinzip ok, aber unter diesen Umständen könnte man eine Ausnahme machen. Ich versuchte es noch einmal. Nichts zu machen. Sie blieb sitzen. Die drei Vorhänge der Kabinen blieben geschlossen, eine evtl. anwesende Mutter fühlte sich nicht verpflichtet, in Erscheinung zu treten. Erziehungs*berechtigt* heißt ja nicht erziehungs*verpflichtet*. »Entschuldigung, ist hier irgendwo die Mutter des kleinen Mädchens?« Ich empfand auch so etwas wie Verantwortung, möglicherweise war die Mama längst weg! »Ja, was ist denn?« Ein Kopf schob sich zwischen Stoffbahnen hindurch. »Ah, hallo! Ich würde gerne etwas anprobieren. Könnte ihre Tochter wohl auch hier draußen spielen?« Der Kopf zog sich zurück. »Bin gleich fertig!« Gut, das war auch eine Möglichkeit. Dann musste sie ihre Tochter nicht zu etwas auffordern, was die vielleicht gar nicht wollte. »Zoe, bist du noch da?« Ich freute mich, jetzt würde sie ihr Töchterchen bitten, für mich die Umkleidekabine frei zu machen. »Mama ist gleich fertig. Bleib schön, wo du bist. Nicht weglaufen, hörst du?!« In den Kabinen raschelte es, eine Verkäuferin versorgte eine Kundin mit frischer Wäsche. Ich stand immer noch da rum. Nächster Versuch. Ich wandte mich direkt an Zoe. »Ich müsste mal da rein!« Gut, das war jetzt nicht besonders energisch, aber ich konnte sie ja auch nicht gewaltsam rausschmeißen. »Ich soll hierbleiben.« Nein, Zoe konnte ich keinen Vorwurf machen, ich musste mich an die Mutter wenden. »Entschuldigung!« Diesmal stellte ich mich direkt vor ihre Kabine. »Ich würde auch gerne etwas anprobieren und ihre Tochter blockiert die einzig noch freie Kabine. Könnten Sie ihr bitte sagen, dass sie da rauskommen soll!« Keine Reaktion. Also noch mal. Diesmal ohne bitte, dafür bekam ich eine Antwort: »Was machen Sie hier eigentlich für einen Stress! Gehen Sie doch da hinten hin, da gibt es auch Umkleidekabinen!« Ja, natürlich. Sorry! Selbstverständlich hat Zoe das Recht, die einzig noch freie Umkleidekabine so lange zu besetzen, wie Mami es für nötig hält. Ich habe einfach die Spielregeln noch nicht verinnerlicht. Doch ich gebe mir Mühe. Versprochen.

Hoffnungsträger & hoffnungslose Fälle

Wir müssen die Kinder einfach mit anderen Augen sehen. Patrice, zum Beispiel, ein vierjähriges Kindergartenkind, hätte man früher im Volksmund wahrscheinlich ganz simpel als ungezogen bezeichnet. Ein fataler Fehler! Dazu die Berliner Kita-Erzieherin Annette K.:

Patrice störte dauernd die Gruppe. Beim gemeinsamen Morgenkreis ließ er Kinder nicht ausreden, er war vorlaut, sehr frech und sein Verhalten extrem unsozial. Ein kleiner Möchtegern-Anführer. Ständig wollte er den Ton angeben und den anderen Kindern vorschreiben, was sie zu tun und zu lassen hätten. Er nahm keinerlei Rücksicht auf die Bedürfnisse seiner Mitmenschen, Patrice wollte der »Ersterallesbestimmer« sein. Nach mehreren erfolglosen Versuchen, den kleinen Macho zur Räson zu bringen, entschied ich mich, ein Gespräch mit der Mutter zu suchen. Ich schilderte das Verhalten ihres Sohnes in allen problematischen Einzelheiten und sie hörte aufmerksam zu. Am Ende hatte sie folgenden Hinweis für mich: »Patrice ist eine starke Persönlichkeit. Er wird sicher später mal eine Führungsposition übernehmen.«

An alle Leserinnen und Leser in Führungspositionen: Sie sollten das nicht persönlich nehmen. Ganz bestimmt sind Sie nicht asozial, respekt- und rücksichtslos. Sie haben sicher auch noch andere Qualitäten und Fähigkeiten …

Viele pädagogische Einrichtungen legen großen Wert darauf, dass die Kinder schon früh über ein ausgeprägtes Selbstbewusstsein verfügen. Dafür sorgen schon die putzigen Kita- und Krippennamen. Im Sinne einer guten Corporate Identity:

»Frechdachse«, »Lausbuben«, »Erdferkel«, »Meckerbeine«, »Dreckspatzen«, »Wilde Hummeln« oder »Rixdorfer Rüpel«.

Der Nachwuchs wird vorzugsweise in »Räuberhöhlen« und »Piratennestern« liebevoll betreut. Besonders der Begriff »Bande« ist mir häufig begegnet (der Volksmund spricht hier übrigens von einer »organisierten Gruppe von Kriminellen«):

»Rasselbande«, »Räuberbande«, »Milchzahnbande«, »Senfkornbande«. Die Ankündigung eines Treffens der »Rixdorfer Rüpel« mit der »Räuberbande« aus Rudow könnte einen Polizeigroßeinsatz auslösen. Hells Angels meet Bandidos. Wer früher drei Jahre im Kindergarten die »Biene-Maja-Gruppe« besucht hat, musste ja ein Loser werden; nach fast sechs Jahren bei den »Rüpeln« ist man optimal vorbelastet. Doch man möge doch bitte zwischen Theorie und Praxis unterscheiden, ist ja alles nur ein großer Spaß! Wir haben uns doch alle total lieb! Was passiert aber, wenn sich plötzlich doch Banden bilden und der kleine Wotan zum knallharten Bandenführer wird?

Dazu noch einmal Annette K.:

Bei uns im Kindergarten herrschte Großalarm. Es hatte sich eine Bande gebildet! Mehrere Kids formierten sich zu einer kleinen Gruppe und Wotan war der Chef. Im Prinzip machten sie nichts Schlimmes, sie waren eine Bande, Kinder, die zusammenhielten wie Pech und Schwefel und den anderen wahrscheinlich nur deshalb ein wenig Angst einflößten, weil sie sich Bande nannten. Doch beim Elternabend war »die Bande« plötzlich das Thema – und vor allem ihr Anführer: der gefährliche Bandenboss Wotan, fünf Jahre alt und kurz davor, seinen ersten Milchzahn zu verlieren. Der Groll gegen die Bande konzentrierte sich auf Wotan, und so stand seine Mutter an jenem Elternabend am Pranger! Die anderen Mütter und Väter gingen regelrecht auf sie los: Was denn bei ihnen zu Hause los sei? Ob sie nicht mal lieber eine Psychologin kontaktieren wolle? Wotans Mama war fix und fertig. Am Ende mussten wir Erzieher eingreifen und die arme Frau vor dem wütenden Mob in Schutz nehmen.

Wotan ist ein berüchtigter Bandenführer geworden und Mama hat es nicht verhindern können! Damit ist sein krimineller Lebensweg bereits vorgezeichnet, genauso wie der von Patrice, unserer starken Führungspersönlichkeit.

Sponti-Aktion (Teil 2)

Wir dürfen uns nun auf einen weiteren Tatsachenbericht von Erzieherin Tina zum Thema Situationsansatz bzw. situativer Ansatz freuen. Denn das allseits beliebte pädagogische Konzept stand im Kindergarten »Tausendsassa« mal wieder auf dem Prüfstand:

Carlo kam heute früh zu mir und berichtete von seinem Ausflug in den Zoo. »Und wir haben ein Eisbärbaby gesehen!«, rief er. Das kleine weiße Wollknäuel hatte es ihm angetan und gemeinsam mit mir entwickelte er die Idee, einen Eisbären aus Pappmaschee herzustellen. Sofort gesellten sich noch mehr

Kinder dazu und nach und nach entstand die Idee, einen Zoo aus Pappmaschee zu machen. Zwei Mädchen erstellten zusammen eine Giraffe, ein anderes Kind einen Tiger und so fort. Nur Mimi und ihre Freundin Karla beschäftigten sich mit dem neuen großen Puzzlespiel. Mimi hielt sich lieber zurück, schon beim Blumenstrauß aus Krepppapier hatte sie in den Augen ihres Vaters kläglich versagt. Und obendrein war sie zu der ganzen Aktion auch noch gezwungen worden. Das sollte natürlich nicht ein zweites Mal passieren. Da passte ich höllisch auf. Vor dem Mittagessen stellten die Kinder ihre halbfertigen Tiere zum Trocknen auf die Fensterbank. Am nächsten Tag wollten sie ihre Werke bemalen.

Am Nachmittag betrat Andreas den Gruppenraum, um seine Tochter abzuholen, da bemerkte er die Objekte und fragte: »Was habt ihr denn da Schönes gemacht?« Ich berichtete von Carlos Besuch im Zoo und der daraus entstandenen Idee. »Und wenn wir fertig sind, stellen wir unsere Tiere vorne im Flur aus!«, rief Carlo stolz. »Toll!« Andreas freute sich sichtlich über diese Aktion. »Und welches Tier hast du gemacht?«, fragte er seine Mimi. »Gar keins«, erwiderte das Töchterchen wahrheitsgemäß. »Alle Kinder haben ein Tier aus Pappmaschee gebastelt, nur du nicht?« Mimi nickte und ich ergänzte: »Karla hat auch keines gemacht, die beiden haben das neue Unterwasserwelt-Puzzle zusammengesetzt.« Das Puzzle interessierte Andreas überhaupt nicht. »Das verstehe ich nicht! Wenn doch die anderen Kinder Tiere basteln, warum du nicht? Wir gehen doch so oft mit dir in den Zoo!« Mimi zuckte nur mit den Schultern. »Sie wollte eben heute lieber puzzeln«, erklärte ich noch einmal und hoffte, die Diskussion sei damit beendet. Doch Andreas ließ nicht locker. »Mimi, du könntest doch morgen noch ein Tier basteln. Welches würdest du denn gerne machen?« »Weiß nicht.« Andreas'

Tochter hatte eindeutig keine Lust, ein Pappmaschee-Tier herzustellen, aber das war dem ehrgeizigen Vater doch egal: »Komm schon, Mimi, die Elefanten magst du doch so gerne. Mach doch einen Elefanten.« Seine Tochter schüttelte den Kopf. Ich versuchte zu vermitteln. »Wie wäre es, wenn ihr beide zusammen einen Elefanten bastelt? Ich gebe euch das Material mit und ihr könntet zu Hause damit anfangen.« Andreas schaute mich entgeistert an. »Nein, das macht die Mimi hier. Morgen bastelt ihr hier ein Tier für die Zoo-Ausstellung.« »Genau«, dachte ich, »total situativ gehe ich auf die Interessen seiner Tochter ein, die heute nur noch nicht weiß, dass sie morgen ganz viel Lust hat, einen Elefanten aus Pappmaschee herzustellen.« Aber der Kunde war ja König …

Mimis Elefant hatte laut Tina verdammt viel Ähnlichkeit mit einem alten Auspuffrohr und stand unübersehbar mitten in der Ausstellung. Leider hat der Papa sich bis heute nicht zum Werk seiner Tochter geäußert …

Sinnvolle Freizeitbeschäftigung

Als Tina mir die Anekdote vom Pappmaschee-Zoo erzählte, nahm ich das zum Anlass, mal wieder in einem echten Zoo vorbeizuschauen. Zoobesuche sind eine wahre Fundgrube für Eltern-Kind-Geschichten. Im Tierpark fängt der grenzenlose Spaß gleich hinter dem Eingang an. Gibt es eine Erklärung dafür, warum Eltern ihre Kinder ohne Not aus den Kinderwagen, Buggys und Bugaboos heben, damit sie von da an kreuz und quer durch den Tierpark laufen können und ihre Eltern hinterher? Das Kind soll sich frei entfalten. Ob es will oder nicht. Gerade noch friedlich im Wägelchen sitzend, staunend über die Tiere rechts und links am Wegesrand, werden sie plötzlich auf die kleinen Beinchen gestellt und müssen laufen. Das tun sie in der Regel schnell, ziellos und unberechenbar. Sie klettern über Absperrungen, die errichtet wurden, damit Flamingos nicht von Dreijährigen belästigt werden. Größere Kinder ignorieren niedrige Barrieren grundsätzlich bzw. benutzen sie als Podeste, um besser sehen zu können. Das ist aus meiner Sicht absolut verständlich. Die eindringlichen Appelle besorgter Eltern verhallen ungehört. Aber auch das ist nachvollziehbar: Wer will sein Kind schon bei den Seelöwen zurücklassen?

Aus verzweifelten Bitten werden irgendwann Drohungen und dann Schimpftiraden. »Wenn du nicht hören kannst, musst du eben wieder in den Buggy!« Wer hatte sie noch mal ungebeten da herausgeholt?

Auf den Spielplätzen erlebt man hungrige und durstige Eltern und Großeltern, Onkel und Tanten, die verzweifelt darum betteln, endlich ins Zoo-Restaurant zu dürfen. Doch ihre Rufe verhallen ungehört zwischen Klettergerüst und Riesenrutsche. Plötzlich sind Elefanten, Löwen und Gorillas total uninteressant, und auch Limo- und Eiscreme-Angebote werden in den Wind geschlagen! Wie gut, dass mobile Einsatzkräfte Kaffee anbieten. Haben die Erziehungsberechtigten/Aufsichtspersonen es irgendwann endlich in die Cafeteria geschafft, erklären sie den Miniaturerwachsenen ausführlich, wie *Selfservice* funktioniert. Learning by doing. Denn auch Zweijährige dürfen natürlich mit einem Selbstbedienungstablett ihr Menü eigenhändig zusammenstellen. Leider haben die (wahrscheinlich kinderlosen) Verantwortlichen das Salatbuffet ein bisschen zu hoch angeordnet, da müssen Erwachsene assistieren, und das gefällt Carla & Co. gar nicht. Da fliegen schon mal die Gurkenschei-

179

ben tief und ungeliebte Tomatenviertel zurück in den Bottich. Von dem, was an Chickennuggets, Bockwürstchen und Pommes unter den Tischen liegt, kann man locker eine Kleinstadt versorgen. Und so mancher sehnt sich zurück auf den Spielplatz. Dagegen ist ein Museumsbesuch eine Wohltat. Der Mittelstandsnachwuchs ist kulturell ungeheuer interessiert. Dieser Wissenshunger muss gestillt werden, gute Eltern erkennen das natürlich frühzeitig und präsentieren Prähistorisches, Griechisches, Ägyptisches und Kulturgeschichtliches im Allgemeinen. Obwohl sie viel lieber mit ihren Kindern ins Lego- oder Phantasialand fahren würden. Was tut man nicht alles für die Bildung! Ich rege hiermit spezielle Öffnungszeiten für Eltern mit Kindern an. Der Rest stört da nur. Erstens: Familien brauchen Raum, also Platz. Zweitens: Kinder brauchen absolute Ruhe. Sie hören schlecht, das liegt, wie wir wissen, am gesundheitsschädlichen Lärmpegel in den Einrichtungen. Deshalb müssen Eltern ihnen alles besonders laut und deutlich erklären. Und Schwerhörige, auch das ist bekannt, sprechen lauter als andere. Bis sie also hoffentlich irgendwann unter sich sein dürfen, können wir noch beobachten, wie die Mini-Historiker sonntags total begeistert hinter ihren Alten herschlurfen und Papas sonorem Bass lauschen: »Schau, Maximilian, das ist der Mann, der den Buchdruck erfunden hat.« Max ist zwar erst sechs Jahre alt, aber nicht blöd. »Wie, der hat den Buchdruck erfunden, ich dachte, der hat seine Doktorarbeit gefälscht?!« Ja, es geht doch nichts über eine anständige Bildung!

Wie man es macht ...

Dieser Tag geht friedlich zu Ende. Nach einer aufregenden und mitunter anstrengenden Woche herrscht Ruhe im Hausflur. Auch draußen auf der Straße ist nichts von Lina zu hören. Das liegt daran, dass Linas Großeltern ihre Enkeltochter von der Kita abgeholt haben und der Opa seine Kleine nun in den dritten Stock hinaufträgt. Dabei wollte sie so gerne alleine gehen. Und das kam so: Als ich den Hausflur betrat, saß meine kleine Nachbarin wie gewohnt auf der untersten Stufe. Gut gelaunt! Diesmal hatte sie eine neue Art der Fortbewegung erfunden, die sie Oma und Opa unbedingt zeigen wollte. Sie nahm sitzend rückwärts Stufe für Stufe. Doch Großmama war der Meinung, dass so das schöne Kleidchen ganz schmutzig würde, und dem Opa dauerte es zu lange. »Komm Lina, der Opi trägt dich rauf. Das geht doch viel schneller!« »Neeeiiin!« Lina schob den Popo wieder eine Stufe höher. Und freute sich. »Ach, meine Süße! Schau doch mal wie dreckig der Boden ist!« Jetzt jammerte Oma. Gott sei Dank, ich hatte es schon vermisst! Dieser Grundton gehört zu unserem Hausflur wie angekettete Kinderwagen und Kekskrümel. Lina arbeitete sich in Slowmotion die Stufen hoch. Großvater aber hatte keine Geduld mehr und klemmte sich seine Enkeltochter einfach unter den Arm: »So, der Opa trägt dich jetzt ausnahmsweise mal die Treppe rauf. Ist das nicht toll? Und oben gibt's dann eine kleine Tüte Gummibärchen!« Scheint heute Linas Glückstag zu sein.

Mein Fazit des Tages:

Kinder suchen Herausforderungen.
Eltern finden die Lösungen.

1. Sei auf der Hut!
   Denn: Der Teufel ist ein Eichhörnchen! Hinter einer harmlosen Praktikantin kann sich das Böse verbergen. Fragen Sie mal Bill Clinton. So weit lassen es unsere Eltern gar nicht erst kommen!

2. Vertrauen ist gut, Kontrolle ist besser.
   Wenn wir schon das Glück haben, im 21. Jahrhundert zu leben, warum sollte man da nicht die moderne Kommunikationstechnik einsetzen? Eltern wollen notfalls eingreifen, wenn fremde Menschen ihre Kinder erziehen. Wozu gibt es Skype …?

3. Im Zweifel für den Angeklagten
   Auch dem besten Kind passiert mal ein Malheur, deshalb sind unsere Eltern die besten Strafverteidiger der Welt, sie hauen ihre Knirpse immer und überall raus!

MEIN TIPP:
Unterstützen Sie die Eltern! Wenden Sie Gefahren ab, die gar nicht da sind. Lösen Sie Probleme, die es noch nicht gibt, und bekämpfen Sie Feinde und Gegner, bevor sie überhaupt in Aktion getreten sind. Das ist vorausschauende Erziehung!

Endlich Wochenende!

Ich hab' Zeit!

Ausschlafen. Ruhe. Auch bei Larissa und Lenny ist es mucks-mäuschenstill. Wahrscheinlich ist der Junge bei seinem Vater und Mami schläft endlich mal aus. Oder sie sorgt dafür, dass andere tief und fest schlafen.

Früher bin ich am Wochenende zum Frühstück ins Café am Park gegangen, habe dort Zeitung gelesen und den Tag in aller Ruhe begonnen.

Doch seit sich Familien zum gemeinsamen Brunch treffen, entdecke ich an mir erste Anzeichen von Intoleranz. Das ist nicht schön. Aber liebevoll dekorierte Frühstücksbuffets kleinen Kindern zu überlassen finde ich auch nicht schön.

Und so stehe ich in meiner Stammbäckerei und warte, bis Elisabeth sich erfolgreich gegen Vollkornbrötchen und Müsli-stangen gewehrt hat und genüsslich in eine Puddingtasche beißt. Das dauert am Wochenende noch etwas länger, weil dann die Mama dabei ist – und die kennt die Abläufe nicht so gut. Der Papi mit der »Out of bed«-Frisur kapituliert schneller, weil er weiß, dass er keine Chance hat. Die Mami mit den Rastazöp-fen diskutiert so lange, bis auch meine Haare Filz ansetzen. Am Ende verliert natürlich auch sie. Mir gefällt besonders gut, dass die Bäckereiinhaberin Frau Ü. Lissys erste Bestellung immer schon in eine Tüte packt, sie dann diskret beiseitelegt und im Moment der elterlichen Niederlage sofort über die Theke reicht. Das spart Zeit. Nachdem auch ich meine Croissants bekommen habe, treffe ich Elisabeth und ihre Eltern vor dem Spielplatz wieder. Lissy möchte »nur einmal« schaukeln, und ihre Eltern bitten und betteln, es doch vielleicht auf den Nachmittag zu verschieben. Sie möchten heim. Bitte, bitte. Doch Elisabeth bleibt eisern, ich hatte nichts anderes erwartet. Einmal ist bekanntlich keinmal, und so möchte Lissy noch mal schaukeln. »Nur einmal noch.« Ich hatte wieder nichts anderes erwartet. Nun möchte die Kleine »nur einmal« rutschen. Mama und Papa quengeln: »Och, Lissy, bitte. Wir wollen frühstücken!« Das Töchterchen rutscht, quietscht vor Vergnügen und ruft: »Noch einmal!«

Verzwickte Situation. Niemals würden sie ihrer Prinzessin eine klare Ansage machen, sie ungefragt an die kleinen Patschehändchen nehmen und einfach nach Hause bringen. Also, was tun? (Hier könnte die von mir geforderte Eltern-Notrufsäule zum Einsatz kommen.)

Es folgt der Kompromiss (also die Einigung): Die Mama geht schon mal vor und deckt den Frühstückstisch. Papa setzt sich auf die Bank.

Und Lissy rutscht. »Jetzt gehen wir aber«, entscheidet der Papa beherzt, aber Lissy wäre nicht Lissy, wenn sie nicht noch ein Ass im Ärmel hätte: »Guck mal, Papa!« Stolz demonstriert sie, dass sie die Leiter zum Holzhaus schon ganz alleine hochklettern kann. »Toll, Lissy! Aber halt dich gut fest!« Zufällig gibt es auch hier eine Rutsche, die man »nur einmal« herunterrutschen kann. »So, jetzt gehen wir aber. Die Mama wartet schon mit dem Frühstück! Willst du auch ein Ei, Elisabeth?« Lissy will kein Ei, Lissy will »noch einmal« die Leiter hochklettern. Und macht es auch. Papas Handy klingelt.

Das zweijährige Mädchen kommt freudestrahlend oben an und ruft: »Noch einmal rutschen!« Papa reagiert nicht, er telefoniert. Scheint wichtig zu sein. Er lässt Lissy rutschen. Doch dann hat seine Tochter offenbar tatsächlich genug, sie läuft zur Bank und ruft: »Ja, ein Ei! Ich will ein Ei!« Das passt dem Vati jetzt gar nicht in den Kram. »Geh doch noch einmal rutschen Lissy. Papa muss telefonieren.« »Nein, ein Ei!« Sie ergreift Papas Hand und zieht und zerrt und schreit: »Ei! Ei!« Das sieht mir schwer nach einer erneuten Einigung aus.

Essen auf Rädern

Ungefähr zur gleichen Zeit erlebte die Sozialpädagogik-Studentin im Supermarkt an der Kasse ein Frühstück der besonderen Art:

Eine Mutter kam mit ihrem Einkaufswagen an meine Kasse, vorne saß ein kleiner Junge von circa drei Jahren. Sie legte die Ware aufs Band und gleich beim ersten Teil stutzte ich: Eine leere Bananenschale. Sie lächelte und hielt mir das selbstklebende Preisschild hin. »Piet konnte nicht warten, er hatte so einen Hunger!« Kein Problem, dachte ich und arbeitete weiter. So was kommt öfter vor. Dann kam ein leerer Fruchtzwerge-Becher, und ich sah, dass Piet tatsächlich einen Plastiklöffel in der Hand hatte. Die Erklärung folgte prompt: »Morgens hat er einen riesen Kohldampf, da kann ich am besten einkaufen, wenn er in Ruhe futtern darf.« Ich nickte nur und scannte weiter – ein Milchschnitte-Papier, eine geöffnete Packung Vollkornbutterkekse und ganz zum Schluss: eine leere Flasche Fruchtsaft.

Gemütlich, so ein Frühstück im Supermarkt. Und Mami kann in Ruhe einkaufen – was will man mehr!

Kombi-Menü

Kinder mit den vielfältigen Nahrungsmitteln vertraut zu machen ist enorm wichtig. Die Speisekarte im Restaurant bietet ein reichhaltiges Angebot, mit dem man den Nachwuchs nicht nur bekannt machen, sondern auch experimentieren lassen kann. Der Chef de Service eines Restaurants der gehobenen Klasse in der Nähe von Köln setzte sich, nachdem ich ihn höflich gefragt hatte, ob ich eine Beilage tauschen könnte, zu uns an den Tisch und erzählte folgende Geschichte:

Ein Ehepaar, Stammkunden, brachte eines Tages seinen Sohn mit. Er war noch nicht in der Schule, aber sie sprachen von der bevorstehenden Einschulung, somit war er wahrscheinlich um die sechs Jahre alt. Die Eltern bestellten Vorspeise und Hauptspeise, um den Nachtisch wollten wir uns später kümmern. Als Nächstes war der Junge dran. Ich wartete, doch nun wurden ihm erst unsere Gerichte erklärt: Ob er wüsste, was ein Saltimbocca sei? Gnocchi müsse er doch noch aus dem Italien-Urlaub kennen. Die runden Dinger! Unser Seeteufel wurde mit dem Innenleben eines Fischstäbchens verglichen. Das Risotto war im Prinzip ein Milchreis, nur mit Salz. Beim Wildkräutersalat entfuhr dem Mini-Gourmet ein »Iiihhhh« und auch das Rote-Bete-Carpaccio erntete keine große Zustimmung. Nun galt es, ein Menü zusammenzustellen. Da wir keinen Piratenteller mit Püree und Fischstäbchen oder das Biene-Maja-Gericht Kinderschnitzel mit Pommes im Angebot hatten, bot ich zuerst mal Spaghetti mit Tomatensauce an. Das geht ja immer. Doch seine Eltern waren der Meinung, der junge Mann solle ruhig ein paar Dinge probieren.

Nun mussten wir aus dem Vorhandenen ein Essen zaubern, das dem Filius zusagte. In der Zwischenzeit ließ ich die drei kurz alleine, denn sie waren nicht die einzigen Gäste, auch wenn sie sich so benahmen. Zurück am Tisch hatte Mama gewählt: »Könnten wir das Saltimbocca haben, aber ohne Schinken und Salbei? Und als Beilage die Rosmarinkartoffeln von dem Lammcarreé. Wenn es geht, mit nicht so viel Rosmarin.

Dazu einen kleinen gemischten Salat, aber ohne Wildkräuter.

Und als Vorspeise würde er gerne mal eine hauchdünne Scheibe vom Rote-Bete-Carpaccio probieren, dazu einen kleinen Klecks Risotto, bitte.«

Ohne mit der Wimper zu zucken gab ich die Bestellung an unseren Chefkoch weiter. Der schmiss einen abgenagten Lammcarreé-Knochen nach mir! Und da fragen Sie mich, ob Sie das Püree von der Süßkartoffel gegen die glasierten Möhrchen tauschen dürfen?!

Kinder, heute gehen wir mal aus!

Kinder in der Gastronomie sind immer ein Erlebnis! Und es macht keinen Unterschied, ob sie ihre Tischmanieren in einem Ikea-Restaurant, einer Pizzabude oder einem hochdekorierten Sterne-Fresstempel zum Besten geben. Alle Kellner und Kellnerinnen, egal wo, verdienen Auszeichnungen, unser großes Mitgefühl oder wenigstens ein fürstliches Trinkgeld. Denn sie jonglieren mehrere Teller, heißen Chai-Tea und Mini-Lattemacchiato um rennende Drei- bis Vierjährige und verziehen keine Miene, wenn eine Zweijährige sich zwischen fünf verschiedene Kuchen nicht entscheiden kann. Das kann schon mal dauern …

Ein besonders geduldiges Prachtexemplar war Sandy. Ich durfte dabei sein, als sie auf Veit und seine beiden Söhne traf:

An einem Samstagnachmittag im Sommer beschloss Veit, mit seinen Söhnen Marvin (circa vier) und Elton (circa fünf) in das Café mit dem hübschen Biergarten zu gehen. Er hatte Glück, ein Tisch war noch frei und so setzte sich die Männerrunde unter die große, Schatten spendende Linde. Nach ungefähr fünfzehn Sekunden hielt die Jungs nichts mehr auf ihren Stühlen. Sie hatten ja auch schon lange genug gesessen und erkundeten nun das Areal. Der Biergarten war gewissermaßen eine von einem Mäuerchen umgebene Insel, auf zwei Seiten führte ein Gehweg vorbei. Der Boden war angefüllt mit kleinen weißen Kieselsteinchen. Marvin und Elton konnten über die Mauer hinweg sehen, nur der Kleinere musste sich ein wenig recken. Papa hatte sein iPad hervorgeholt, als die Kellnerin Sandy an seinen Tisch trat, um die Bestellung aufzunehmen. »Ich nehme einen Milchkaffee und ein Stück Tiramisu, und die Jungs … einen Moment.« Er schaute sich suchend um, entdeckte die Brüder an der Mauer und rief: »Marvin, Elton, was möchtet ihr trinken?« Keine Reaktion. Die beiden hatten nämlich ein tolles Spiel entdeckt. Auf der einen Seite stand ein Glascontainer auf dem Gehweg und sie warfen nun die kleinen weißen Kieselsteinchen über die Mauer in das eigentlich für die Flaschen vorgesehene Loch. »Marvin, Elton, was möchtet ihr trinken?« Elton drehte kurz den Kopf und rief: »Was gibt's denn?« Sandy stand noch immer an Veits Tisch und schaute etwas irritiert zwischen dem Vater und seinen Söhnen hin und her. »Möchtet ihr eine Apfelschorle oder was anderes?« Sandy warf einen kurzen Blick in den Biergarten, sah leere Gläser, erhobene Arme und neue Gäste, und legte Veit die Getränkekarte auf den Tisch. »Ich komme dann gleich noch mal.« Und Veit vertiefte sich in die unendlichen Weiten des World Wide Web. Das unternehmungslustige Brüderpaar hatte mittlerweile die Seite gewechselt und warf kleine Steinchen auf den Gehweg, mal trafen sie Passanten, mal ein parkendes Auto, was sie besonders freute. Sie standen ganz in der Nähe ihres Vaters und deshalb sagte der, allerdings ohne den Blick zu heben: »Ach, Jungs, hört ihr bitte damit auf?« Ach, ne, irgendwie hatten sie keine Lust, damit aufzuhören. Überall auf dem Gehweg und auf der Mauer lagen nun die kleinen weißen Steinchen. Und so wischte Veit eifrig weiter hin und her auf seinem iPad.

Elton, der Ältere, schien sich nun aber zu langweilen; er verließ den Biergarten und kletterte auf den Glascontainer. Das bekam Veit aber nicht mit, er war beschäftigt. Erst als sein Milchkaffee plus Tiramisu kam, fiel ihm ein, dass seine Söhne immer noch nichts zu trinken hatten. Marvin stand brav am Mäuerchen und schnippte Kieselsteinchen auf seinen großen Bruder. »Habt ihr euch jetzt entschieden, was ihr trinken wollt?« Die freundliche Kellnerin stellte sich kurz auf die Zehenspitzen, um sicherzugehen, dass sie richtig gesehen hatte: Saß der Junge auf dem Container? »Cola«, sagte Marvin und schoss ein Steinchen knapp an Eltons rechtem Ohr vorbei. »Keine Cola. Ihr könnt Apfelschorle haben oder Wasser oder Saft«, entschied Veit. Nun meldete sich der Wächter des Glascontainers zu Wort: »Och, Menno, warum dürfen wir nicht mal Cola?!« Die Getränkefrage konnte nicht abschließend geklärt werden, da Veits Smartphone rappelte, und so lächelte Sandy, tippte kurz auf die Getränkekarte und ging wieder. Souverän. Ich war begeistert. Kaum hatte Papa das Telefon am Ohr, standen die beiden Racker am Tisch. »Ich will auch Tiramisu. Und einen Saft.« »Ich will Apfelschorle. Und einen anderen Kuchen!«

Der Anrufer musste kurz warten, denn Veit erklärte Marvin,

dass der Kuchen drinnen in der Vitrine steht und er sich ihn dort aussuchen müsse. »Du sollst aber mitkommen.«

»Ja, gleich, ich telefoniere eben zu Ende.«

»Ich hab aber Hunger.«

»Ich will einen Saft, ich hab Durst.«

Elton hatte kleine Spielfiguren aus seiner Hosentasche geholt und auf den Tisch gestellt, dazu schaufelte er Steine vom Boden und ordnete sie daneben an. Ein Steinchen fiel in Papas Tiramisù. »Ach, Elton, pass doch bitte ein bisschen auf.«

Der Anrufer hing noch immer in der Veit'schen Warteschleife, wurde aber ab und zu von einem »Bin sofort bei dir« bei Laune gehalten. Sandy steuerte erneut den Vater-Sohn-Stammtisch an und zückte ihren Block. »Ich will eine Apfelschorle!« – »Ich einen Saft!«

»Was für einen Saft möchtest du denn? Wir haben Orange, Apfel, Kirsch, Traube und Johannisbeere.« Sandy war 'ne Wucht! Elton überlegte kurz. »Papa, kann ich KiBa haben?« – »Ich weiß nicht, ob die hier KiBa haben.« – »Haben wir nicht. Sorry.« Die freundliche Kellnerin machte jetzt sanften Druck: »Was für einen Saft möchtest du dann?« Da Veit jetzt von der Bestellungsaufnahme entbunden war, konnte er sich dem armen Menschen in der Warteschleife wieder zuwenden. Leider nur kurz. »Papa, kann ich eine Fanta haben?« Veit schüttelte den Kopf und telefonierte weiter. »Warum nicht?« Sandy atmete tief durch und tippte erneut auf die Getränkekarte. »Ich komm' dann gleich nochmal wieder.« Aber Veit war schneller: »Und was habt ihr für Kuchen?« – »Müsst ihr mal reingehen und in die Vitrine gucken.« Und weg war sie. So leicht lässt sich Sandy doch nicht das Wochenende verderben. Und falls sich der zweifache Vater am Rande eines Nervenzusammenbruchs befand, so ließ auch er sich nichts anmerken. Er nahm den Anrufer, das iPad und seine beiden Jungs mit zur Vitrine, bestellte an Ort und Stelle Kuchen, Tiramisù, Kirschsaft und Apfelschorle und kam sichtlich erleichtert zu seinem Tisch zurück. Marvin und Elton füllten Munition in die Hosentaschen und bezogen ihre Posten auf der Mauer. Veit telefonierte. Mittlerweile warfen die beiden ganze Hände voller Steine über die Mauer. Das konnte auch der beste Papa nicht mehr überhören. »Hört ihr bitte auf, mit den Steinen zu werfen? Das ist doch doof!« Als Sandy die Bestellung brachte, beendete Veit gerade das Telefonat und rief seine Jungs an den Tisch. Doch die hatten plötzlich weder Hunger noch Durst und so widmete sich ihr Vater wieder seinem iPad.

Für einen Moment sah es nahezu idyllisch aus. Der Vater konnte in Ruhe seinen Kaffee trinken und die beiden Jungen saßen brav auf dem Mäuerchen. Wäre da nicht das kleine Mädchen gewesen, auf dessen Kopf eine Ladung Steine gelandet war. »Marvin, Elton, kommt ihr bitte mal her?« Die höfliche Aufforderung wäre nicht nötig gewesen, wenn Ärger drohte, waren die beiden höchstwahrscheinlich immer schnell zur Stelle, um sich hinter ihrem Papa zu verstecken. »Setzt euch bitte mal hin und esst eure Kuchen.« Marvin zerstörte mit drei gekonnten Stichen den Käsekuchen, pulte die Rosinen raus und schob den ungeliebten Mürbeteigboden vom Teller. Elton probierte mit einem Finger die Kakaoschicht auf dem Tiramisu, rief »Bah, ist das bitter!« und »Ich will auch lieber Käsekuchen!« Veits Geduld schien doch nicht grenzenlos zu sein. »Nein, wir gehen jetzt.« Er winkte Sandy zu und orderte die Rechnung. Zurück blieb ein kleines Schlachtfeld.

Kein Problem für Sandy. Kurz nachdem sie den Tisch wieder hergerichtet hatte, nahmen neue Gäste Platz. Zwei Frauen, ohne Kinder. Die Gäste im Biergarten lehnten sich zufrieden zurück. Die Linde rauschte. Ruhe. Doch sie währte nicht lange, denn

Marvins Geschrei war nicht zu überhören. Nun hing Veit über dem Glascontainer, weil dort drinnen angeblich eine Ritterfigur lag, die Elton hineingeworfen haben sollte. »Ich kann den Ritter nicht sehen, Marvin. Bist du dir ganz sicher?« Marvin war sich nicht sicher, nun kamen die drei an den Tisch und fragten die beiden Damen, ob sie dort irgendwo eine kleine Ritterfigur gesehen hatten. Fehlanzeige. »Könnten Sie vielleicht mal aufstehen? Dann können wir unter dem Tisch nachsehen?« Veit, Marvin und Elton krabbelten nun durch den weißen Kies und durchpflügten ihn. Ohne Erfolg. Marvin heulte. Sandy servierte den stehenden Gästen zwei Tassen Cappuccino und Veit fragte bei der Gelegenheit, ob sie zufällig das Spielzeug entdeckt hatte. »Ne, sorry.«

»Wo hast du den Ritter denn zum letzten Mal gesehen, Marvin?«

Marvin zeige vage auf die Füße der beiden Frauen. »Entschuldigung, könnten wir vielleicht da noch mal gucken?« Veit begab sich erneut auf alle Viere, Marvin schubste Elton und der boxte ihn. Plötzlich rief Sandy von weitem: »Ich habe es!« Sämtliche Gäste atmeten auf. »Hier«, die Kellnerin hielt ein verschmiertes Teil in die Höhe. »Steckte im Käsekuchen.« Ich sag's ja: Sandy war 'ne Wucht!

Bis zum bitteren Ende

Die Alternative zum gepflegten Gaststättenbesuch ist das Kochen mit Freunden zu Hause. Der neue Trend.

Zum letzten Koch-Happening kam auch ein Paar mit seinen zweieinhalbjährigen Zwillingen.

Schon zur Begrüßung versicherte man uns, die beiden würden gleich irgendwo abgelegt: »Die schlafen überall!« Ich kenne viele dieser unglaublich pflegeleichten Erdenbürger, die man angeblich in Schlaf- und Gästezimmern ablegen kann. Es gibt dann zwei Möglichkeiten: Entweder man sieht die Eltern nur noch einzeln, weil sie sich mit dem Vorlesen/Vorsingen/in den Schlaf Streicheln abwechseln oder die Kinder kochen/essen/ unterhalten sich mit den Erwachsenen. An jenem Abend machten die Eltern erst gar keine Anstalten, Max und Moritz ins Bett zu bringen. Einer saß mitten auf der Arbeitsfläche und durfte beim Gemüseschneiden »helfen.« Der andere quengelte pausenlos und wollte auf Mamas Arm. Er rieb sich die Augen, hatte knallrote Bäckchen und auch ein Laie hätte hier akute Müdigkeit diagnostiziert. »Ach, lass ihn doch noch ein bisschen bei uns bleiben«, lautete Mutters Antwort auf die gut gemeinten Vorschläge, den Kleinen doch vielleicht mal hinzulegen. Ach, und irgendwie sind sie ja auch so süß!

Der Bruder war eindeutig wacher und wurde immer wütender, denn er wollte das gewaltige Gemüsemesser jetzt selber halten.

Dabei musste ein Erwachsener immer aufpassen, dass Klein-Max nicht von der Anrichte fiel. Und Moritz wurde heulend zwischen seiner Mutter und seinem Vater hin- und hergereicht. Wir hätten uns auch gerne zur Verfügung gestellt, aber hier konnten nur Blutsverwandte helfen. Beim Essen saßen die beiden dann natürlich dabei, nun war auch der Gemüseschnippler müde und quengelte. »Ach, lass sie doch noch mit uns essen«, erbarmte sich Mutti. Wahrscheinlich spürte sie, dass sie nicht nur ihren Kindern, sondern auch uns damit einen großen Wunsch erfüllte. Wir freuten uns wirklich sehr, die Zwillinge wiederzusehen, besonders spät abends und bei Übermüdung. Von essen konnte indes keine Rede sein. Die beiden zerstörten lediglich die Nahrung, verteilten sie über den hübsch gedeckten Tisch, veredelten die Deko mit Ratatouille und übernahmen die Gesprächsführung. Nach dem Essen stand die Mama auf, und ich ging fest davon aus, dass jetzt die Schlafenszeit gekommen war. Nein, sie wollte wohl nur mal ohne eine kleine Klette sein und postierte sich neben die Spülmaschine, um das schmutzige Geschirr anzunehmen, das wir hinüberreichten. Doch das wollte Max nicht. Nun begann ein faszinierendes Schauspiel, wie ich es so ähnlich beim Bananenmassaker schon mal gesehen hatte und bereits aus den Pädagogen-Berichten kannte, wo Kinder ihre Eltern liebevoll körperlich misshandelten. Das hier war Terror für Fortgeschrittene. Eine echte Treibjagd. Mama sollte nicht da stehen und so zog der Kleine seine Mutter wütend von der Spülmaschine fort, was sie widerstandslos geschehen ließ. Nun lehnte sie sich an den Küchenschrank und begann mit mir eine Unterhaltung. Max hatte anscheinend auch etwas gegen diesen Aufenthaltsort, und gegen eine geteilte Aufmerksamkeit sowieso, und zerrte sie weiter. Auf diese Weise trieb dieser niedliche Mini-Terrorist sein Opfer quer durch die geräumige Wohnküche. Stinksauer und unter Gewaltanwendung. Aber vor allem grundlos. Aus meiner Sicht. Vielleicht war das aber auch ein Spiel, das die beiden jeden Abend zu Hause spielten, bis Max müde umfiel und endlich schlief. Dann wäre das natürlich ziemlich clever. Zumindest war es an diesem Abend so. Moritz brauchte etwas länger, aber gegen halb 12 fielen auch ihm endlich die Augen zu. Auf Papas Schoss. Das war doch mal wieder ein richtiger schöner Abend mit Freunden! Sollten wir öfter machen!

Nightmare im Kindergarten

Kinder schlafen ab einem gewissen Alter ja gerne mal auswärts. Bei Freunden, bei Oma & Opa, bei der Patentante. Und meistens klappt das reibungslos. Und stets sind es die Eltern, die sich sorgen, ob alles zur vollsten Zufriedenheit ablaufen wird. Das kann man verstehen, wenn sie ihren eigenen allabendlichen Erfahrungswert zugrundelegen.

Unter den aufregendsten Erfahrungen kleiner Kinder rangiert auf den vorderen Plätzen die erste Übernachtung im Kindergarten. Doch für viele Eltern ist das Ereignis noch ein bisschen aufregender, weiß die Erzieherin Katharina P. zu berichten:

Nach und nach trafen die Kinder mit ihren Eltern ein. Es war Samstag, gegen 17 Uhr, und wir hatten mit den »Großen« eine Übernachtungsparty organisiert. Inklusive Nachtwanderung und Schatzsuche. Fast alle Kinder hatten ihre persönlichen Kuscheltiere dabei, einige ihre Lieblingskissen, und Malte erzählte mir, er durfte sich Mamas Handy ausborgen – »für alle Fälle!« Ich sprach seine Mutter an, die gerade dabei war, das Matratzenlager der Kinder in Augenschein zu nehmen. Sie dekorierte liebevoll einen Teddy, eine Plüschente und zwei kleine Kissen auf Maltes Schlafplatz.

»Malte braucht kein Handy, das können Sie ruhig wieder mitnehmen«, erklärte ich ihr. »Kein Problem, wir haben ja zwei. Ich habe ihm die Nummer von Zuhause und vom Handy meines Mannes gespeichert. Falls er Heimweh hat.« Ich versprach, wenn es so wäre, würde ich sie anrufen. Aber das Handy müsse sie bitte wieder mitnehmen. Da meldete sich eine weitere Mutter zu Wort: »Ich habe Nora auch eins gegeben. Ist ja nur zur

Sicherheit!« Zur Sicherheit? Ich fragte mich, was hier heute wohl passieren sollte. Generationen von Kindern haben Kindergartenübernachtungen überlebt, und das ohne mobile Kommunikationsmittel. Nun mussten die beiden Handykinder ihren Mamas versprechen, wirklich nur im Notfall anzurufen. »Was für ein Notfall?«, fragte ich, bekam aber keine Antwort. Ich beschloss, die Geräte einzusammeln, sobald die Eltern gegangen waren. Hier war jede Diskussion zwecklos. Außerdem wartete die nächste Aufgabe auf mich: Ferdinands Vater hatte eine Checkliste mitgebracht. Da war vermerkt, dass der Ferdi Zähne putzen musste und zwar mit der Eieruhr, die er dafür mitgebracht hatte. Er sollte im Bett Socken tragen, weil er sich immer freistrampelte und eine empfindliche Blase hatte. »Er steckt doch in einem Schlafsack«, merkte ich an, aber Ausnahmeregelungen waren auf der Liste nicht vermerkt.

Ich erfuhr, dass der Ferdi abends noch eine halbe Stunde »lesen« durfte, die passende Lektüre hatte er dabei. Er las abends immer das gleiche Buch. Das wäre sehr wichtig, es beruhige ihn. Da er an diesem Abend nicht mehr gelesen hat, kann ich den Titel hier leider nicht nennen.

Die nächste Mutter wollte die Schlafordnung wissen, da ihre Tochter Stina auf gar keinen Fall neben Malcolm liegen wollte, aber unbedingt neben ihrer Freundin Sara. Dann stand eine Unterhaltung über unser geplantes Nachtmahl auf dem Programm, denn die kleine Vivi dürfe abends nicht so üppig essen, dann bekäme sie nachts Bauchkrämpfe. Als ich die Tür hinter den letzten Eltern geschlossen hatte, atmete ich erleichtert auf.

Wir verlebten einen tollen und vor allem völlig unproblematischen Abend. Keine Notfälle, keine Heimwehattacken. Keine Bauchkrämpfe. Unsere Vorschulkinder krochen müde und glücklich in ihre Schlafsäcke (Malcolm weit weg von Stina und Ferdi mit Socken!), ich las ihnen eine letzte Geschichte vor, irgendwann schnarchten alle leise. Meine Kollegin, die Praktikantin und ich hatten uns gerade in den Pausenraum gesetzt, da klopfte es an der Kita-Tür. Und wir trauten unseren Augen kaum! Da stand ein Vater, der nur hören wollte, ob alles okay sei. Er würde nun eine Telefonkette starten, damit alle Eltern Bescheid wüssten und sich keine Sorgen machten.

Fern-Oh-Weh

Ich kann die Erzieherin Katharina P. beruhigen: Ihre Eltern sind völlig normal, Übernachtungsgeschichten gibt es in Hülle und Fülle. Die Steigerung dazu sind Klassenfahrten während der Grundschulzeit. Früher reichte ein Rucksack oder ein kleiner Kinderkoffer, heute schleppen die Eltern das halbe Kinderzimmer an, damit der Nachwuchs sich in den vier bis fünf Tagen auch heimisch fühlt in der fremden Jugendherberge. Gerne wird auch Proviant eingepackt; das Kind könnte verhungern. Überhaupt gibt es zahlreiche Ernährungsgewohnheiten, die streng beachtet werden müssen. Nicht auszudenken, was passiert, wenn der Filius mal ausnahmsweise industriell gefertigte Tiefkühl-Kroketten vertilgt. Strenge vegetarische Ernährung gehört bereits zum Alltag, damit kennen sich fast alle Betreuer bestens aus. Problematischer sind die vielen Sonderwünsche: Mia soll bitte ausschließlich reines Vollkornbrot essen. Der Pepe kann nur laktosefreie Milch vertragen. Und der Friedrich darf unter gar keinen Umständen irgendetwas mit Glutamat zu sich nehmen. Es würde sich lohnen, einen Ökotrophologen dabei zu haben.

Ein Lehrer berichtete von einer Telefonliste mit zwölf Telefonnummern. Für ein einziges Kind! Damit im Notfall auch sichergestellt wurde, dass irgendjemand – von den Eltern über Großeltern und Freunde bis zum Arbeitgeber – erreichbar war. Und natürlich gehören Handys zur Grundausstattung.

Geht es darum, Betreuer für eine Klassenfahrt zu gewinnen, kann man hier das gleiche Phänomen beobachten wie bei Schulprojekten innerhalb des Lehrplans. Da schnellen die Fingerchen in die Höhe – die der Eltern, versteht sich. Ein Lehrer wurde von zehn (!) willigen Vätern und Müttern begleitet. Woher die sonst so gestressten Berufstätigen die Zeit dazu nehmen, konnte abschließend nicht geklärt werden, aber zum Wohle des Kindes geht eben alles.

Eltern sind lieber selbst vor Ort und nehmen die Sache in die Hand. Egal ob mehrtägige Klassenfahrt oder zweistündiger Ausflug. Die Lehrer werden nicht nur mit freundlicher Unterstützung begleitet, nein, die Erziehungsberechtigten übernehmen gleich das ganze Regiment. Damit auch wirklich nichts schiefgeht! Wenn man es zulässt – wohlgemerkt! Es gibt aber immer noch hartnäckige Lehrer, die sich nicht das Heft aus der Hand nehmen lassen und überengagierten Eltern einen Riegel vorschieben. Mal sehen, wie lange noch!

Dabei sind einige Eltern nur in Sorge, ihre Kinder könnten sich auf einer Klassenreise nicht anständig benehmen. Das tun sie ja bekanntlich in deren Gegenwart am besten. Außerdem wissen die Erziehungsberechtigten um die Tücken von Tischmanieren, die Probleme beim Zähneputzen und Zubettgehen. Da möchte man doch lieber zugegen sein und im Notfall Krisenmanagement betreiben. Denn erfahrungsgemäß kümmern sich die Lehrer leider nicht immer und überall individuell um jeden einzelnen Schüler. Und gerade in der Fremde fühlen sich die lieben Kleinen oft verloren und dann plagt sie das Heimweh. Da lässt man sie am besten gleich zu Hause. So hat es die Erzieherin Kornelia D. erlebt:

Am Ende des 1. Schuljahres planten wir (wie immer) mit den Erstklässlern eine Klassenfahrt. Die Mutter von Jonathan und Jeremias, Zwillingsbrüder, teilte mir mit, ihre Söhne könnten nicht mitfahren. Am Geld lag es nicht, das wäre auch kein Grund gewesen, denn die Eltern bekommen natürlich in solchen Fällen Zuschüsse. Hier war der Grund ein anderer, den ich aber erst erfuhr, als die Klasse schon auf Tour war und wir die beiden Daheimgebliebenen tagsüber in einer anderen Klasse untergebracht hatten: Jonathan und Jeremias bekamen jeden Morgen von ihrer lieben Mama ein Fläschchen Milch, das sie mit ihr zusammen im kuscheligen Bett genüsslich wegschlürften. So muss ein Tag beginnen! Und auf der Klassenfahrt wäre das nicht möglich gewesen!

Im hohen Bogen

Wir wollen nun auch in die Ferne schweifen, denn nach dieser Woche habe ich einen kleinen Erholungstrip verdient!

Im Flugzeug, eine Reihe vor mir, sitzen Mama (Fenster), Papa (Gang) und der Mini-Filius in der Mitte. Mit Schnuller, das Saugen sorgt für den nötigen Druckausgleich im Ohr. Das Kind hat aber keinen Bock auf seinen Schnuller und pfeffert ihn schon vor dem Start in den Gang, wo der Papa glücklicherweise sofort rankommt. »Nicht werfen, Leon, schön im Mund lassen.« Diesmal wirft er seinen Nucki nach vorne und die Passagiere in der Reihe suchen zwischen ihren Sitzen und unter den Vordersitzen nach Leons Schnuller. Und werden fündig! »Danke, sehr nett von Ihnen!« Papa stopft das Ding wieder in Sohnemanns Mund. Plopp, raus damit. Er kullert unter Mamas Vordersitz. Da kommt sie nicht ran. Wie blöd. »Entschuldigung, könnten Sie bitte mal unter Ihren Sitz schauen. Da liegt der Schnuller von unserem Sohn.« Selbstverständlich schaut der nette Herr im dunkelblauen Zweireiher mal nach. Glück gehabt, da ist er! Nun presst Papa den Schnuller auf Leons Mund und hält ihn fest, denn wir starten. Leon ist jetzt mit einem Gurt an seinen Vater gefesselt und schreit. Kaum sind die Anschnallzeichen erloschen, steht Papa mit Leon auf und läuft den Gang auf und ab. Der Schnuller fliegt in hohem Bogen durch den Flieger und landet … Ja, wo genau ist er jetzt gelandet? Gleich zwei Reihen suchen nun fieberhaft nach dem unentbehrlichen Accessoire. Leon hat seinen Spaß, er schäkert mit der Stewardess, die ihm ein Plastikflugzeug schenkt. Der Nucki kehrt zurück zu seinem rechtmäßigen Besitzer und Papa versenkt ihn erneut in Leons Mündchen. Dann setzen beide ihren Spaziergang fort. Bei der Gelegenheit soll Leon ein bisschen Laufen üben, da bietet sich so ein Gang im Flugzeug an. An Papas Händen setzt Leon nun einen Schritt vor den anderen. Der kleine Junge hat den Vorteil, dass er, wenn er mal muss, es einfach laufen lassen kann. Die anderen hier müssen aufstehen und zur Toilette gehen. Mit Leon und seinem Papa im Gang staut es sich, außerdem wollen die netten Damen gerade Getränke und einen Snack servieren. Das gibt ein kleines Gedränge und einen großen Stau, wohl oder übel kehren die beiden Wandersleute zu ihrem Platz zurück. Das gefällt dem Jungen wiederum gar nicht. Er schreit, der Nucki fliegt durch die Luft, diesmal nach hinten. Ich finde ihn zwischen mir und meinem Nebenmann. Da hat der Leon aber Glück gehabt. »Danke, sehr nett von Ihnen.« Leons Eltern sind ausgesprochen höflich, das muss man sagen. In der Folge fliegt der Nucki noch ein halbes Dutzend Mal durch die Gegend. Und immer suchen hilfsbereite Passagiere umständlich nach Leons ungeliebtem Schnuller. Bis etwas Unerhörtes passiert. In der zwecks Suche stark frequentierten Reihe vor der schrecklich netten Familie macht sich Unmut breit. Der Herr im Zweireiher hat schlicht keinen Bock mehr. Oder er möchte endlich mal ein Nickerchen machen. Auf jeden Fall möchte er nicht mehr Leons versabberten Schnuller suchen. »Könnten Sie das Ding vielleicht mal festhalten?! Es reicht jetzt!« – »Wie bitte?!« Mama wird wütend: »Ist ja mal wieder typisch!« Und sie wird sich bis zur Landung auch nicht mehr beruhigen. Achtung, Achtung: Shitstorm über den Wolken!

Reisen bildet

Wenn Mutter, Vater und Kind eine Reise tun, dann kann man was erzählen …!

Überall auf der Welt trifft man Eltern aus Deutschland, die ihren Kindern die fremde Kultur des Urlaubslandes näher bringen wollen. Das ist vorbildlich. Bei 40 Grad Celsius im Tal der Könige interessiert sich ein Sechsjähriger im wahrsten Sinne des Wortes brennend für Ägyptens Pharaonen. Und bei minus 15 Grad Celsius unterhalb der Matterhorn-Nordwand kommt ein Vortrag über die Viertausender der Schweizer Alpen richtig gut an. Quasi das Bonusmaterial zum Skitag.

Jede Gelegenheit wird genutzt, um Wissenswertes zu vermitteln, da profitiert man ja auch selber, zum Beispiel morgens beim Frühstück im Hotel:

»Schau mal, Nathan, das ist ein *egg*. Nathan ist zwei, sitzt im Tripp-Trapp-Stuhl und starrt verdutzt auf das, was ihm bisher

201

als Ei bekannt war. Papa doziert ungehemmt weiter, ungeachtet der Tatsache, dass die anderen Gäste einfach nur in Ruhe ihr *egg* köpfen möchten. Oder ihn. Der Kellner bringt ein Glas Milch und Papa sagt: »Sag mal Thank you, Nathan.«

Es würde mich nicht wundern, wenn einige Gäste abends ihre Handtücher auf die Stühle legen, damit sie möglichst weit weg sitzen von Nathans Family. Die residiert immer an dem großen runden Tisch am Fenster, von wo sie den besten Blick auf den Spielplatz hat, auf dem die große Schwester Cäcilie zwischen der gesunden Portion Cerealien und dem Karottensaft immer mal wieder schaukeln geht. Nun kommt sie zurück und möchte (selbständig und ganz alleine) einen Pfannkuchen mit Ahornsirup bestellen. Auf Englisch natürlich. Toll, wie der Papa sein kleines Mädchen immer wieder ermuntert, es noch mal zu versuchen, denn dummerweise versteht der griechische Kellner das Kind nicht. Auch nach dem x-ten Mal nicht. Ich verzichte auf meine *scrambled eggs*, der Mann arbeitet an diesem Morgen exklusiv für Nathan und Co.

Nathans Eltern sind weniger Mama und Papa, sie sind mehr Projektmanager, »fit for future« heißt ihr Programm. Deshalb kann Nathan mit zwei schon in fünf verschiedenen Sprachen Eier bestellen. Nur pellen kann er sie nicht, aber das ist ja auch zweitrangig.

Besonders die Abende mit kleinen Kindern in Urlaubsorten sind sehr unterhaltsam. Nach einem Skitag in der Kinderskischule ist so ein Vierjähriger gerade ab 20 Uhr erst so richtig gut drauf. Man sollte ihn unbedingt zum gemütlichen Hüttenabend mitnehmen, dann haben alle was davon. Und nach zwei Stunden gepflegter Unterhaltung rückt die Gesellschaft ein wenig zusammen, damit der Junge sich auf der Bank gemütlich in den Schlaf heulen kann.

Geht aber auch im Sommer: Nach einem Sonnentag am Strand mit Wasserspielen und Burgenbauen ist das Töchterchen auch um 22 Uhr noch putzmunter. Schließlich gehen ja auch die südländischen Kinder dann mit ihren Eltern zum gemeinsamen Essen. Nur mit dem Unterschied, dass die dreijährige Wilma aus Flensburg keine Siesta hatte wie Miranda aus Las Palmas.

Andere Länder, andere Kinder

Die Kinder unserer europäischen Nachbarn kann man übrigens auch hervorragend bei Kurztrips oder Städtereisen am Wochenende studieren, oder beobachten, wie sich unsere benehmen, wenn sie irgendwo zu Gast sind. Schön ist auch der direkte Vergleich.

In Frankreich und Italien werden die lieben Kleinen ja nahezu vergöttert. Also ähnlich wie heutzutage bei uns. Mit nur einem kleinen Unterschied: Wenn Guiseppe Mist baut, gibt es Ärger. Und nicht zu knapp. Doch dazu kommt es eher selten, wie diese zwei kleinen Geschichten zeigen:

Eine Piazza in Rom, ein warmer Sommerabend, die Tische einer Trattoria waren alle besetzt. Erwachsene aßen, tranken, lachten, unterhielten sich. Die Kinder spielten, rannten, tobten über den Platz – alles ganz normal. Dann vernahm man laut eine deutsche Touristin: »Johannes, kommst du bitte? Deine Pizza ist da.« Nichts passierte. Noch etwas lauter, noch einmal: »Johannes, kommst du bitte? Deine Pizza wird kalt.« Kein Johannes weit und breit. Verständlich, er hatte ja schließlich Urlaub und wollte Land und (kleine) Leute kennenlernen.

Vom Nebentisch hörte man ein schlichtes: »Gianni, vieni

qui.« Und siehe da, Gianni kam. Setzte sich an den Tisch und vertilgte seine Spaghetti. Veni, vidi, vici. Er kam, sah und siegte? Wie man's nimmt, der arme Gianni musste nun beim Versteckenspielen aussetzen, das ist auch nicht lustig!

Hannes hingegen spielte noch entspannt ein paar Runden weiter und ließ sich mehrfach bitten. Dann kam der leicht gestresste Sechsjährige angelaufen und diskutierte so lange mit seinen Eltern, bis man sich darauf einigte, dass er mit einem Stück Pizza weiter spielen durfte. Ab und zu flitzte er zurück, grabschte sich ein neues Stück, das Mutti ihm netterweise mundgerecht geschnitten hatte, und rannte wieder davon. Gianni saß unterdessen im Kreise seiner Familie beim Essen. Erst danach durfte auch er wieder am Fangenspielen teilnehmen.

Schlimm, Gianni wird von seinen autoritären Eltern massiv unterdrückt. Gehorchen, stillsitzen, benehmen – das kennt man aus der Hundeerziehung! Oder von früher. Früher fanden wir unsere Eltern doof, die haben Widerworte gegeben, Strafen verhängt und nein gesagt. Das führte zu unschönen Auseinandersetzungen. Vielleicht erinnert sich der ein oder andere noch. »Gib dem Onkel das schöne Händchen.« Für so einen Satz würde man heute wahrscheinlich wegen Missbrauchs angeklagt. Alles Relikte aus der dunklen Zeit der autoritären Erziehung. Schläge, Strafen, ohne Abendbrot ins Bett. Kein Wunder, dass wir ängstlich darauf bedacht waren, im Kaufhaus die Schokoladenfinger nicht an den Kleidern abzuwischen. Dass wir den Nachbarshund nicht am Schwanz durch die Gegend zogen und dem Kellner, der ein Tablett mit heißem Kaffee balanciert, nicht vor die Füße rannten. Oder während einer kompletten Mahlzeit ohne Unterbrechung am Tisch sitzen blieben. Da kannten unsere Eltern keinen Spaß. Harte Zeiten waren das.

Auch in Frankreich sind sie wohl noch nicht so weit wie un-

sere modernen deutschen Eltern. Da kann man häufig ähnlich
Autoritäres beobachten: Ein kleiner Ort in der Provence. Die
Einheimischen und einige wenige Gäste feierten das alljährli-
che Dorffest. An unserem Tisch hatten sich drei Familien versammelt, Deutsche und Franzosen. Der Franzose Olivier und
sein deutscher Freund Tim, sechs und sieben Jahre alt gehörten
auch dazu. Auf dem Tisch lagen verschiedene Käsestücke, ein
paar Salamiwürste und natürlich Baguettebrote. Die Erwachsenen schnitten sich Käse und Wurst ab, und brachen das Brot mit
den Händen. Oliviers Eltern fragten ihren Sohn, was er essen
möchte, er antwortete und sie gaben ihm, was er wollte. Und
so saß er brav zwischen seinen Eltern, kaute Salamistückchen
und dünn gehobelte Käsescheiben. Tim hingegen wollte selber
Wurst und Käse abschneiden. Er rannte um den Tisch herum,
zwängte sich zwischen die Stühle, um besser an diese Wurst und
jenen Käse heran zu kommen. Wir mussten zur Seite rücken,
der einfache Plastik-Tisch wackelte gefährlich, die Gläser klirr-
ten. »Tim, soll die Mami dir nicht lieber etwas abschneiden?« –
»Nein, das kann ich selber!«, lautete die klare Antwort und Papa
fügte nicht ohne Stolz hinzu: »Er ist ja schon so selbständig,
das haben wir ihm alles früh beigebracht.« Der selbständige
Tim säbelte den schönen Käse kurz und klein, bei der Fenchel-
Salami (Dauerwurst, luftgetrocknet!) musste er mit äußerster
Brutalität zu Werke gehen, deshalb verabschiedete sich mein
Weinglas sicherheitshalber unter den Tisch. »Die Wurst ist aber
auch hart«, beeilte sich Tims Vater, das Missgeschick zu entschuldigen. »Da hätte ja selbst ich Probleme.« Nein, da konnte
man Tim nun wirklich keinen Vorwurf machen! Innerhalb kürzester Zeit hatte Tim den Mittagstisch ein wenig umdekoriert.
Ach, übrigens: Die Wurst schmeckte ihm nicht und der Käse
stank zu sehr. Er biss einmal in sein Stück Baguette, der Rest lag

dekorativ in meiner Weinpfütze. Dann wollte er nach Hause, in den Pool. Olivier wischte seine Hände ordnungsgemäß an den Hosenbeinen ab und bat um ein weiteres Stück von dem stinkenden Käse. Vive la France!

Natürlich ist der kleine Franzosenjunge in Wahrheit der bedauernswerte, unterdrückte Spross grausamer Eltern! Und wünschen wir uns nicht alle einen Sohn wie den tollen Tim? Selbstbewusst und selbständig! Gut, er hat eine kleine Käseschlacht veranstaltet. Aber es ist verständlich, dass die Eltern der ganzen Welt zeigen wollen: Seht her, das ist unser Tim, ist er nicht klasse!?

Pizza furioso

Doch um selbständige Kinder in Gaststätten zu erleben, muss man natürlich nicht in die Ferne schweifen, es reicht eine Pizzeria in Deutschland. Ich erinnere mich da an ein sehr gepflegtes Essen:

In der »La Grotta« saß am Nebentisch ein Paar mit zwei Kindern. Magdalena (zirka vier) hatte die Papiertischdecke leider schon zerstört, bevor Papa den kleinen Emil (zirka 2) aus dem Buggy gehievt und in den Tripp-Trapp-Stuhl gesetzt hatte. Aber dafür konnte sie nichts! Das hatte sie nicht mit Absicht gemacht! »Lenalein, möchtest du ein Bild malen?« Mama platzierte die mitgebrachten Buntstifte auf der Tischdecke, beziehungsweise, was davon noch übrig war. »Oh, Emil, möchtest du deinen Tee nicht?« Offensichtlich nicht. Er hatte ihn im Brotkörbchen ausgeleert. Magdalena nahm dem Kellner die Speisekarte weg und gab sie nicht wieder her. Nun wollte ihr Bruder verständlicherweise auch eine Karte haben, also reichte der liebe Papa ihm seine. »Könnten wir bitte noch zwei Karten haben?«, schallte es durchs Gewölbe. Es geht doch nichts über ein gemütliches Abendessen im Kreise der Familie. »Lenalein, was möchtest du auf deiner Pizza haben?« Für so eine Vierjährige ist von Gummibärchen bis Fleischwurst alles möglich. Und genauso lange dauerte es, bis sie sich für Ravioli entschieden hatte. Am Ende heulten beide Kinder, weil sie lieber Spaghetti wollten. Ich hätte gerne mitgeheult, ich kann mich ja auch nie entscheiden. Zwischen all den Pizza- und Pastagerichten, Nudelsorten, Saucen, Belägen und Beilagen. Das ist ja auch nicht einfach! Frustriert bestellte ich mir noch ein Glas Wein. Erstaunlicherweise war das Personal überhaupt nicht frustriert. Italienisches Pizzeria-Personal zeichnet sich schon seit jeher durch seine gute Laune und Kinderfreundlichkeit aus. Aber ich befürchte, damit könnte es irgendwann vorbei sein und die kinderlieben Charmebolzen rasten fürchterlich aus, nachdem sie den ganzen Abend Sätze hören mussten wie: »Womit möchtest du denn deine Spaghetti? Oder willst du Penne? Möchtest du die Pizza Tonno lieber ohne Thunfisch haben?«

Als nächstes wollte der kleine Emil nicht länger im Stühlchen sitzen und stieg einfach aus. Das ging bei den altmodischen Hochstühlen nicht, aber das Nachfolgermodell erlaubt das selbständige Aufstehen. Diese Sitzmöglichkeit für Kinder ab sechs Monaten soll laut Hersteller dafür sorgen, dass »das Kind sich als vollwertiges Mitglied der Tischrunde fühlt« und es »verstärkt die Bindung zwischen Eltern und Kind.« Donnerwetter! Weiter heißt es: »Das Kind sitzt in der ergonomisch richtigen Position am Tisch.« Besser könnte man die Erziehungsziele der modernen Eltern nicht formulieren!

Wahrscheinlich sitzen wir irgendwann alle auf Tripp-Trapp-

Stühlen, damit die lieben Kleinen sich nicht diskriminiert fühlen.

Zurück in die Pizzeria, wo Emil durch die Grotta flitzte und ab und zu bei seiner Mutter vorbeikam, die ihm freundlicherweise eine Nudel in den Mund schob. Gar nicht so leicht, immer das kleine Mündchen zu treffen, der quirlige Junge blieb natürlich nicht stehen. Das sind Herausforderungen im Erziehungsalltag! Magdalena hatte ihren Teller mit den Nudeln Papa gegeben, sie wollte lieber seine Pizza Hawaii. Die »eklige« Ananas hatte sie auf die Papiertischdecke geschoben, die Schinkenstreifen aß sie mit der Hand. Und Papa schaufelte sich die kalten Spaghetti seiner Tochter rein. Da wurde einem echt was geboten! Am Tisch sitzen und einfach seine Mahlzeit zu sich nehmen, kann ja jeder.

Für jeden Spaß zu haben

Ich verabschiede mich, zu Hause ist es doch am schönsten!

Was wäre mein Leben ohne Lenny, Lissy und Lina? Und ohne deren Mamas und Papas! Sie liefern mir ständig neue unterhaltsame Geschichten und lassen mich an ihrem Alltag teilhaben. Auch an diesem Abend. Vor meiner Haustür hat sich eine Menschentraube gebildet. Eine Massen-Wohnungsbesichtigung um diese Uhrzeit? Nein. Eltern warten auf ihre Kinder. Ich zwänge mich durch die Menge bis in meinen Hausflur und begegne fremden Kindern, die von Etage zu Etage laufen und »Süßes, oder Saures!« verlangen. Irgendwas ist halt immer … Doch damit nicht genug, es gibt heute tatsächlich Väter, die zu Halloween – verkleidet versteht sich – bei den Nachbarn um Süßes bitten, weil der Nachwuchs selber keine Lust hat. Diese Eltern sind sich eben für nichts zu schade! Gleich wird sich wahrscheinlich Linas Mutter beschweren, dass es im Hausflur so laut ist. Nach einiger Zeit kehrt endlich Ruhe ein. Die Meute ist ein Haus weitergezogen. Und ich versuche mich zu erinnern, ob meine Eltern früher mit mir und meiner Laterne »St. Martin« singend von Haus zu Haus gezogen sind …

Kindergeburtstagseventmanager

Am nächsten Morgen denke ich zuerst an Lenny, dabei ist mein kleiner Kumpel gar nicht zu Hause. Wie hat Lenny eigentlich seinen letzten Geburtstag gefeiert? Mir fällt dazu nichts ein. Das liegt garantiert daran, dass dieses Event heutzutage in den seltensten Fällen zu Hause gefeiert wird. Es sei denn, die Eltern des kleinen Jubilars haben eine 500 qm Villa mit Pool und Park. Oder der Papa ist zufällig ein weltberühmter Magier. Oder beides. Heute ist also Kindergeburtstag und ich bin genauso aufgeregt, als wäre es mein eigener.

Wenn man bei einem Kindergeburtstag eingeladen ist, sollte man vorher ein paar Dinge in Erfahrung bringen. Möglicherweise ist es ein Ritterfest und man muss im Burgfräulein-Outfit erscheinen. Oder es ist eine Adventure-Schatzsuche mit Lagerfeuer in der Uckermark, bei der die Brandenburger Feuerwehr zur Sicherheit angefordert wurde. Und bei der man in spezieller Survival-Outdoor-Ausrüstung antreten muss. Meistens wird passend zum Event eine Einladung mitgeliefert, auf der alle relevanten Informationen verzeichnet sind. Seit einigen Jahren schaukeln sich Eltern in Sachen Partyplanung gegenseitig so dermaßen hoch, dass es nichts gibt, was es nicht gibt. Und das muss man jedes Jahr aufs Neue toppen!

Passend dazu habe ich einen Beitrag auf www.eltern.de entdeckt. Da diskutierten Eltern (eigentlich) zum Thema »Kinder in Deutschland – oftmals nicht erwünscht?« und ich stieß auf einen Bericht von *vivera*. Sie informierte die Welt empört über einen wirklich skandalösen Vorfall, der wie kein zweiter die angebliche deutsche Kinderfeindlichkeit beweisen sollte: *vivera* wollte nämlich für ihre Tochter einen schönen zweiten (!) Geburtstag organisieren und hatte dafür Räume in einem Vier-Sterne-Hotel (!) reserviert. Nun rief sie ein weiteres Mal in der Nobelherberge an, um die Dekoration zu besprechen. Diesmal war der Chef persönlich am Apparat und er gab zu bedenken: »Unser Hotel ist nicht für ›Faschingspartys‹ gemacht. Die Kinder müssen schon auf ihrem Platz sitzen bleiben.« Die anschließende Frage des Hoteldirektors »Warum feiern Sie nicht daheim?« war für *vivera* »zu viel des Guten«. Und sie fragte sich (und all die anderen empörten Eltern): »Wozu sollen wir Kinder in die Welt setzen, wenn Kinder nicht erwünscht sind?«

Es ist wahrlich ein kinderfeindliches Land, in dem eine Horde Zweijähriger nicht in einem Vier-Sterne-Hotel Geburtstag feiern darf! Ein Skandal … Oder ist das nur ein Einzelfall?

Also habe ich mich mal umgehört und auch zu diesem Thema die Erfahrungen von Erziehern aufgeschrieben, die zwar in den meisten Fällen nicht dabei sind, wenn die exklusive Kindersause steigt. Aber natürlich detaillierte Berichte von diesen Partys kennen, die längst nichts mehr zu tun haben mit Topfschlagen und Mohrenkopfessen (pardon: Schokokussessen muss es natürlich heißen). Da gibt es die Klassiker: Die Geburtstagsgesellschaft geht in den Zoo, auf die Bowlingbahn, zum Kartfahren, in die Kletterhalle, zum Indoorspielplatz, ins Kino, zum Eislaufen, auf Bötchentour.

Immer beliebter werden auch Mottopartys: Prinzen & Prinzessinnen, Cowboys, Ritter, Spiderman, Superman, Feen, Piraten etc. In der Regel wird ein Entertainer engagiert, ein Zauberer, ein Kinder-Cocktail-Mixer, ein professioneller Kindergeburtstagseventmanager, der den Eltern, wahlweise auch Au-pairs und Nannys, zur Hand geht. Vorab, so berichtete mir eine Erzieherin, wird recherchiert, welche Veranstaltungen in der letzten Zeit stattgefunden haben, man will um Himmels willen nichts abkupfern. Nicht auszudenken, man käme in den Verdacht, ein »Nachmacher« zu sein. Ist das Thema gefunden, wird eine passende *Location* gesucht, der Ablauf geplant und kompetentes Personal engagiert. Da wird ein Kindergeburtstag zum Großereignis und die Mama zum hysterischen Nervenbündel, wenn die dreistöckige rosa Lillifee-Torte nicht rechtzeitig geliefert wird.

Eine Erzieherin schilderte mir den (tragischen) Fall einer jungen Kollegin im Anerkennungsjahr:

»Katharina wurde von einer Mutter gefragt, ob sie beim Geburtstag des zweijährigen Sohnes helfen könne, und sie sagte zu. Dort angekommen stellte sich heraus, dass die Party unter einem Märchenmotto stattfand, die Kinder waren als Zwerge verkleidet und für sie hatte die Mutter ein Schneewittchen-Kostüm besorgt. So musste das arme Mädchen dann mit den Kindern durch den kleinen Ort gehen. Das war ihr total peinlich!«

In einem anderen Fall war der Organisator eines Detektivspiels plötzlich krank geworden und löste damit eine mittelschwere Katastrophe aus. Er wollte ersatzweise eine Freundin schicken, aber damit war die Mutter ganz und gar nicht einverstanden. Ein Mädchen! Sie brauchte nun dringend einen anderen Sherlock Holmes, einen männlichen selbstverständlich, und nervte zwei Tage lang die Eltern und Mitarbeiter eines Horts.

Auf den Vorschlag einer Erzieherin, sie solle doch einfach umdisponieren und für den Siebenjährigen eine coole Geburtstagsparty mit Musik und bunten Kinder-Cocktails veranstalten, reagierte sie empört: »Was sollen denn die Eltern denken? Ich habe jetzt das große Detektivspiel angekündigt!« Was für ein Dilemma! Sie hat dann aber noch einen Ersatzdetektiv gefunden und ihr Ruf war gerettet.

It's Partytime!

Ich darf heute dabei sein, wenn Marie-Antoinette ihren dritten Geburtstag feiert. Zumindest teilweise. Nachdem sie und ihre Gäste den Vormittag im Indoorspielplatz verbracht haben, stoße ich zum häuslichen Kaffeetrinken dazu. Selbstverständlich hätte Marie-Antoinette mit ihrer Entourage auch im Spiel- und Spaßparadies Kuchen essen können, aber das war der Mama dann doch nicht gut genug. Schon gar nicht die Speiseauswahl fürs Abendbrot: Wiener Würstchen und Spaghetti? Ein No-Go! Bei Marie-Antoinette gibt es einen Berg quietschbunter Macarons, dieses laut Mutti »total superhippe französische Baisergebäck aus Mandelmehl« mit Füllungen in verschiedenen Geschmacksrichtungen, Schoko- und Blaubeer-Muffins und bunte Mini-Cremeschnitten, dann Frischkäse-Bagels und diverses Fingerfood vom Partyservice. Nach ein paar Stunden in der Vergnügungshölle sind die lieben Kleinen ein bisschen müde. Verständlicherweise. Trampolinspringen, Kletterberge, Bällchenbad und Mega-Luftkissen können ganz schön schlauchen. Rotwangige, nörgelige Kinder in Button-down-Hemden, Nickerbockerhosen und Samtkleidchen zerfleddern Cheesecream-Bagels, und einige Mozzarellasticks landen in der Sofaritze. Einer heult immer. Die Mamis (und ein Papi) sitzen um den großen Esstisch, trinken Milchkaffee und Prosecco und plaudern. Die Geräuschkulisse scheint hier niemanden zu stören. Mit einer Ausnahme … Aber ich arbeite daran!

Nach ein paar Stunden konstatiere ich erstaunt: Hier wurde noch nicht einmal ein Kind ermahnt. Es gab kein »Wenn du jetzt nicht …, dann …«. Kein »Hör sofort damit auf« oder »Jetzt ist Schluss.« Und das liegt ganz bestimmt nicht daran, dass die Kinder so brav wären. Das muss an der neuen Gelassenheit liegen. Eltern sind tiefenentspannt, geduldig und gehorsam.

Von früher sind nur noch die Vornamen geblieben. Je verstaubter, desto besser. Ich fühle mich geradezu wie am Hofe des Kaisers. Oder zu Gast bei Familie Buddenbrook. Schließen wir für einen Moment die Augen und lauschen: »Johanna, möchtest du noch einen Granatapfelsaft? Ludwig, ziehst du bitte deine Schuhe aus, wenn du auf dem Sofa hüpfen möchtest? Luise, Paul und Oskar, lasst doch Emma und Klara auch mitspielen.«

Die Racker der besseren Kreise heißen Anna, Elisabeth, Frieda, Wilhelmine oder Carl, Friedrich, Emil und Arthur, nur das geschliffene Benehmen ihrer längst verstorbenen Namensvetter von dazumal haben sie natürlich abgelegt. Reicht ja, wenn der Name noch einen gewissen Stil signalisiert. Von einer Cora-Angelina ist nicht viel zu erwarten. Aber Sophie-Charlotte? Oder Carl-Friedrich? Das suggeriert Bildungsbürgertum, Großgrundbesitzer, Klavierlehrer, weiße Bluse und blank gescheuerte Schnürschuhe. Aber von devoter Haltung keine Spur! Diese Kids sind tough! Und deshalb werden jetzt altmodische mit wirklich außergewöhnlichen Namen kombiniert. Und sofort ist klar: Dieses Kind ist edel <u>und</u> cool. Carl-Ludwig Elvis und Don Armani Karl-Heinz. Anna-Maria Melody Princess und Johann Jeremy-Jaden. Wenn man wollte, könnte man sein Kind auch Prestige, Emilie-Extra oder Jesus nennen. Oder Speedy und Sundance. Aber Pfefferminze, Schmitz und Borussia gehen leider nicht … *

Doch mischen wir uns wieder unter die kleinen Partygäste, öffnen wir die Augen und sehen, dass der mutige Karl-Friedrich die einen Kopf größere Anna-Elisabeth mit einem Holzstick traktiert, während der Papa unbeeindruckt mit seinem Kollegen telefoniert. Später wird Ka-Effs Vater erklären, dass sein Zweijähriger immer nur dann auf solche Ideen kommt, wenn er sich langweilt. Mit anderen Worten: Scheiß öde Kindergeburtstagsparty! Sophie-Charlotte hingegen entreißt Emma ihre Puppe, so eine wollte sie immer schon mal haben. Und wehe, du bittest den Rauschgoldengel, der weinenden Emma doch bitte, bitte ihre Lieblingspuppe wiederzugeben, dann kannst du die Süße aber mal kennenlernen. Die lassen sich nichts gefallen – und das ist auch gut so! Gegen Ende der Veranstaltung herrscht Ausnahmezustand, ich würde mich nicht wundern, wenn irgendein Dreijähriger jetzt Bengalos zünden würde. Dann stecken die Mamas (und der Papa) ihre wahlweise weinenden, wütenden, nörgeligen Kinder in kleine Mäntelchen und stylische Jacken mit Fellkragen, ohne dabei das gerade geführte Gespräch zu unterbrechen. Dabei entsteht ein sagenhafter Klangteppich.

Zum Abschied bekommen alle kleinen Gäste ein glitzerndes Päckchen in die Hand gedrückt. Darin befinden sind Geschenke, ein paar (wenige!) Süßigkeiten und ein Erinnerungsfoto. Wieso nehmen eigentlich die Gäste heute Geschenke mit nach Hause? Ohne Gästegeschenk geht gar nichts! Und die Päckchen werden immer größer, die Geschenke immer teurer und die Inhalte immer erlesener. Auch ich mache mich von dannen. Ohne Päck-

* Laut Amtsgerichte Traunstein, Kassel, Köln.

chen, aber mit neuen Erkenntnissen. Die Wohnung sieht aus wie ein Handgranatenwurfstand und die Putzfrau steht parat. Alles eine Frage der perfekten Organisation.

Nach so einem Nachmittag erscheint einem der Schoppen im Biergarten wie ein Aufenthalt in Garten Eden. Doch auch Freiluft-Gaststätten stehen bei Eltern hoch im Kurs! Hier können die lieben Kleinen prima rumtollen, während die Eltern in Ruhe Freunde treffen. Viele Lokalitäten haben sich auf diese Klientel bestens vorbereitet und kleine Spielplätze errichtet. Wie schön! Man muss sich nun gar nicht mehr kümmern. Aufsichtspflicht? Ach was, die Kinder können auf sich selber aufpassen.

Sandmann, lieber Sandmann ...

Da beobachte ich nun schon seit geraumer Zeit einen kleinen Knirps von vielleicht drei Jahren, der zwischen den Bierbänken im Gartenlokal umherschlendert. Wo sind nur seine Eltern? Er kann unmöglich alleine hier sein. Zwischendurch macht er einen Abstecher zum kleinen Spielplatz, füllt seine Hosentaschen mit Sand und kommt zurück, um ihn langsam in die herumstehenden herrenlosen Gläser rieseln zu lassen. Hm, irgendwie blöd, dass nicht jedes Glas, das allein auf einem Tisch steht, auch wirklich herrenlos ist. Manchmal müssen Menschen einfach nur zur Toilette. Gerade in Biergärten kommt das häufiger vor. Vielleicht sollte es mir eine Warnung sein. In Zukunft werde ich in Gartenlokalen mit integriertem Sandkasten mein Glas mit zum Pinkeln nehmen. Sicher ist sicher. Nun versenkt der pfiffige Hosenmatz eine ordentliche Portion Sand in einem Rest Weißbier. Und da kommt auch schon der durstige Besitzer desselben, der verständlicherweise nicht wirklich begeistert ist. Der Sandmann aber auch nicht, denn in diesem Ton hat offensichtlich noch keiner mit ihm geredet. Er macht sich schnell vom Acker und ich schaue mich um. Jetzt müssten ja mal Mama und Papa oder wer auch immer für den kleinen Kerl verantwortlich ist, aus der Deckung kommen. Eigentlich. Aber womöglich haben die gar nichts gesehen. Der Kleine versteckt sich heulend hinter seinem Vater und enttarnt ihn: Glück für den Weißbierbesitzer.

So, jetzt gibt's 'ne Ansage und für den Herrn ein neues Bier! Aber von wegen. Nun springt die Mama ihrem Sprössling wie eine Löwin zur Seite. Der hat schließlich nichts falsch gemacht! Weil der ja gedacht hat, das Glas gehöre niemandem! Und gespült werden muss es ja sowieso! Und außerdem war ja auch kaum noch was drin! Wieder mal typisch Kinderhasser! Und wie er es überhaupt wagen könne, das Kind so anzuschreien!

Da bin ich aber platt. Die haben also die ganze Zeit durchaus mitgekriegt, was der Junior da veranstaltet. Also von Verletzung der Aufsichtspflicht kann keine Rede sein, das nehme ich an dieser Stelle zurück! Aber angeschrien hat der Mann das Sandmännchen nicht, nur ein bisschen lauter gesprochen. Außerdem hat er gesagt: »Spinnst du?«, und damit den vorherrschenden Fragestil perfekt bedient. Der Junge hätte ja einfach mit »Nein« antworten können.

Bis zum bitteren Ende

Dabei kann so ein Abend mit Kindern sehr harmonisch sein.

Erwachsene müssen nur ein paar Spielregeln beachten. Dann klappt's auch mit dem Nachwuchs. So saß ich eines Tages an einem Familienabendbrottisch mit mehreren Freunden, denn natürlich möchten Eltern auch mit einem oder mehreren Kindern noch ihren Freundeskreis pflegen. Hier waren es insgesamt vier. Der Abend hatte mit einer Kindertanzvorstellung begonnen, danach lasen wir der Reihe nach Geschichten vor und machten diverse Gesellschaftsspiele. Ich freute mich auf ein Glas Wein und eine Unterhaltung, die wir führen würden, wenn die Kinder im Bett wären. Der Lärmpegel stieg, das Sofa wurde zum Trampolin. Es wurde immer später und immer lauter, aber wie gesagt, wenn man das einfach ignoriert, kann so ein Abend die reinste Entspannung sein. Das gilt auch für den Nachwuchs. Der überhört die zahlreichen Bitten à la »etwas leiser«, »nicht so wild, bitte« auch einfach! Dann klappt's auch mit den Eltern! Irgendwann wurde das Essen aufgetragen. Die Tischordnung bestimmten die Kinder, und wir wurden von ihnen hin und her dirigiert, bis wir so saßen, dass sie zufrieden waren. (Ich überspringe den nächsten Punkt, da wir Kinder-am-Tisch-Geschichten nun zur Genüge kennen, und ein Schlachtfest gleicht dem anderen!) Nach zahlreichen Sonderwünschen und deren Erfüllung (natürlich) war das gemeinsame Abendmahl beendet und ich rechnete mit einer kurzen Abwesenheit der Gastgeber, die ihre beiden Kinder nun ins Bett bringen würden. Wozu lädt man sonst Freunde ein? Sicher wollten sie sich mit uns auch mal in Ruhe und ohne Kind(er) auf dem Schoß unterhalten. Nein, wollten sie offensichtlich nicht. Auch jene, die ihre Tochter bzw. den Sohn mitgebracht hatten (»Sue Ann schläft überall! Und Ashton kann sich ganz toll alleine beschäftigen.«), dachten nicht daran, sie »irgendwo hinzulegen«. Das wäre ja auch eine Gemeinheit gewesen. Hier herrschte gleiches Recht für alle! Stattdessen drehte der Fünfjährige so dermaßen auf, dass sogar sein Vater sich bemüßigt fühlte, etwas zu sagen: »Er ist ein bisschen überdreht, er hat sich so gefreut, dass ihr heute kommt!«

Ach, so! Wir waren schuld! Sorry. Irgendwann schlief er einfach nach kräftezehrendem Dauerhüpfen auf dem Sofa ein, seine kleine Schwester pennte schon unter dem Esstisch. Jetzt musste nur Sue Ann umfallen. Dann könnte Ashton sich prima alleine beschäftigen. Aber mittlerweile war es schon so spät, da wollte auch ich ins Bett …

Für solche Fälle sollte man immer ein paar Entschuldigungen für die Kinder parat haben. Das freut die Eltern! »Ach, lasst die Rasselbande ruhig bis in die Puppen aufbleiben und Radau machen, wer weiß, wann die mich wieder sehen!«

Die gleichen Szenen spielen sich auch dann ab, wenn man seine Freunde abends zu sich nach Hause einlädt. Egal ob gemütliches Abendessen oder zünftige Party – die Kinder kommen mit! Schließlich gehören sie ja dazu. Da darf man nicht eingeschnappt sein, wenn eine übellaunige Dreijährige die Geburtstagsfeier versaut, weil sie Hexe Lilli zum Einschlafen hören will. Und schlafen kann sie natürlich nur auf Mamas Schoß mitten im Wohnzimmer. Da muss die Partymusik eben runtergedreht werden.

Ich habe überhaupt nichts gegen diese »Wir nehmen unser Kind überall mit hin«-Fraktion. Im Gegenteil, es freut mich, dass der aufgeweckte Henri beim gepflegten Abendessen dabei ist. Nur Spießer regen sich darüber auf, wenn der Sonnenschein nicht nur den hübsch gedeckten Tisch, sondern auch den schönen Abend gründlich versaut. Da muss man drüber stehen. Ich bin auf dem besten Wege, eine echt coole Gastgeberin für junge Familien zu werden.

Verarschung? Verzweiflung!

Denn: Ich verstehe das Problem. Es heißt: Du musst jetzt ins Bett! Und das widerspricht dem Erziehungsgrundsatz. Im besten Fall schlafen die Kinder von selber ein. Irgendwann vor Erschöpfung und Übermüdung. Oder man muss sich was einfallen lassen. Ich durfte Zeuge eines besonders kreativen Einfalls sein:

Zu Gast bei Odilo und seiner (allein erziehenden) Mutter Tine. Der fünfjährige Odilo verbrachte die Zeit zwischen 18.30 und 19.30 immer vor dem Fernseher. Im Anschluss folgte eine Diskussion, die immer mit den Worten »Odilo, machst du bitte den Fernseher aus?« begann. Bis zu einem gewissen Punkt konnte der Junge die nervige Fragerei einfach ignorieren.

Doch nach dem zehnten »Machst du bitte den Fernseher aus?« zischte er ein scharfes NEIN, damit die Mami endlich die Klappe hielt und er in Ruhe weiter glotzen konnte.

Nun musste eine Lösung her. Ich war sehr gespannt, doch Odilos Mutter zwinkerte nur schelmisch, schlich zum Sicherungskasten und simulierte einen Stromausfall. Odilo brüllte: »Maaamaaa! Komm mal!« Tine lief ins Wohnzimmer und verkündete: »Wir haben einen Stromausfall. Der Fernseher geht jetzt nicht mehr!«»Oh, Menno, nicht schon wieder!«, lautete die Antwort des Sohnes. Odilo kannte das Problem schon. Kam hier wohl häufiger vor, und Tine meinte verständnisvoll: »Ja, total doof, ich weiß.« Nun wartete die nächste Herausforderung: »Würdest du bitte deine Zähne putzen gehen, Odilo?« Die ganze Zeit saßen wir bei Kerzenschein, das Licht musste natürlich aus bleiben. Odilo war nämlich nicht dumm, sobald es Anzeichen für elektrischen Strom gab, würde ja auch die Glotze wieder funktionieren. Nach dem (gefühlten) zehnten »Würdest du bitte deine Zähne putzen gehen, Odilo?« sagte er schlicht »Nein«, setzte sich auf den Fußboden und nahm den Fischertechnik-XL-Bulldozer (»Ich kann schon die Sachen ab sieben Jahre!«) auseinander. Ich beneidete Odilo vor allem um seine Ruhe und Gelassenheit. Außerdem war ich kurz davor, das Licht einzuschalten, damit der kleine Modellbauer besser sehen konnte. Doch Tine war auf der Hut und verhinderte die Katastrophe. »Odilo, was hältst du davon, wenn wir morgen einen neuen Modellsatz kaufen?« Erwartungsgemäß war der Junge einverstanden, aber es gab einen kleinen Wermutstropfen: »Dann musst du aber jetzt Zähne putzen gehen.« Odilo stimmte dem Deal missmutig zu und verschwand im Bad. Zähneputzen im Dunklen, das hat was von Campingromantik. Nebenbei setzte der Fünfjährige das Badezimmer unter Wasser und Tine rief: »Och, Odilo, was soll denn das!?« Als nächstes folgte: »Ziehst du bitte deinen Schlafanzug an, Odilo?« Er dachte gar nicht daran. Nach mehrmaligen Bitten und einer lustigen Verfolgungsjagd durch die Wohnung zog Tine ihrem Goldstück unter erschwerten Bedingungen den Schlafanzug über. Bis hierhin war es ein Kinderspiel gewesen, jetzt kam der heikelste Teil. »Odilo, gehst du bitte schon mal ins Bett, ich komme gleich Gute Nacht sagen.« »Du sollst mir ein Buch vorlesen!« Im Gegensatz zu seiner Mutter war Odilo ein Freund der klaren Ansagen. »Ja, ich komme gleich.« Tine und ich beschlossen, gemeinsam ins Kinderzimmer zu gehen, es schnell hinter uns zu bringen, damit wir uns noch ein wenig unterhalten konnten. Es war ja schon spät. Tine hatte mittlerweile die Sicherungen wieder eingeschaltet und das kleine Nachttischlämpchen wurde angeknipst, was dem Jungen aber glücklicherweise nicht komisch vorkam. Tine griff zu *Pippi Langstrumpf* und ich wurde Zeuge wie aus Ephraim, dem Negerkönig von Taka-Tuka-Land, ein politisch korrekter Südseekönig wurde. Nach dem dritten Buch fielen Odilo endlich die Augen zu. Mir auch.

Mein Fazit vom Wochenende:
Kinder machen ordentlich Wind.
Eltern lassen sich darin treiben.

1. Völlig schwerelos!
   Eltern und Kinder fliegen gemeinsam aerodynamisch durch das Leben. Widerstände stören da bekanntlich nur.

2. Das gibt Auftrieb!
   Die Kinder lassen Dampf ab und das verhilft ihren Eltern zu fantastischen Höhenflügen!
   Schließlich drehen sie den ganzen Tag unermüdlich die Welt um ihre anspruchsvollen Lieblinge, das ist anstrengend, da können sie eine kräftige Unterstützung gut gebrauchen.

3. Höhenflüge
   Alle Töchter und Söhne sind hochbegabte Genies, talentierte Wunderkinder und natürlich etwas ganz besonderes. Deshalb sind ihre Eltern jeden Tag aufs Neue überwältigt von ihrem Nachwuchs.

MEIN TIPP:
Sollte der kleine Nick beim Abendessen mal wieder richtig Welle machen, dann sollten Sie ihn nicht ermahnen, sondern ermutigen. Sicher kann er die Lasagne aus der heißen Auflaufform schon ganz alleine an die Gäste verteilen.

Epilog

Morgen ist ein neuer Tag. Dann beginnt der große Kinderspaß wieder von vorne. Lennys Mama lässt sich natürlich auch weiterhin nicht aus der Ruhe bringen, nur weil ihr Sohnemann im Hausflur auf Slowmotion schaltet. Prinzessin Lissy wird beim Bäcker nach einer Diskussion auf Augenhöhe ihr morgendliches Quarkhörnchen bekommen und Lina muss am Nachmittag im Hausflur wie immer nichts müssen.

Freundliche Erzieher machen Überstunden, weil ein paar Papis dummerweise vergessen haben, wann der Kindergarten schließt. Kleine Kinder in Taucheranzügen watscheln durch gut geheizte Hallenbäder und ein verantwortungsbewusstes Kindergartenpersonal sucht das Außengelände nach Katzenkacke ab. Im Supermarkt verschwinden die Quengelzonen und Fleischereifachverkäuferinnen halten ein reichhaltiges Wurst- und Käsesortiment für unentschlossene kleine Kunden bereit.

Willkommen in der schönen neuen Kinderwelt!

Sie, liebe Eltern, haben es nun schwarz auf weiß! Sie machen alles richtig! Keine Sorge, es ist vollkommen in Ordnung, dass Sie Ihren Sohn jeden Morgen bis ans Schulpult begleiten. Es ist auch total normal, wenn Ihre Tochter immer ihren Willen bekommt. Sie überlassen dem Nachwuchs die Entscheidungen und erzielen immer eine Einigung. Ihre Kinder wachsen nicht in Unfreiheit und Unterdrückung auf! Und wenn Sie das nächste Mal auf dem Spielplatz in der Warteschleife stecken, dann bleiben sie ruhig: Irgendwann schläft Ihr Kind auf der Schaukel ein, dann können Sie es problemlos nach Hause tragen.

Danksagung

Ein herzliches Dankeschön geht an alle Sozialpädagogen, Erzieher und Lehrer, die sich die Zeit genommen haben, mir ihre Erlebnisse zu erzählen und meine Fragen zu beantworten. Vielen Dank für große Geschichten und kleine Anekdoten, für Fakten und Informationen, für Analyse und Einordnung. Ohne sie wäre dieses Buch nicht zustande gekommen.

Danke auch an die vielen Erzieher in Internet-Foren, die dort ihr Herz ausschütten und andere daran teilhaben lassen.

Ein großes Dankeschön an meine Familie, Freunde und Bekannte, an die Supermarktkassiererin, die Bäckerin und alle Verkäuferinnen, die ihre Erfahrungen mit mir geteilt haben. Danke auch an die unbekannten Eltern, die zufällig meinen Weg kreuzten und damit unfreiwillig zum Inhalt dieses Buches beigetragen haben.

Dankbar und froh bin ich, dass es noch ganz normal erzogene Kinder wie meine Nichte Amelie und mein Patenkind Luise gibt.

Ich danke meinem wunderbaren Mann Helge, der bei meinen Recherchen der tollste Komplize war und sich unermüdlich Elterngeschichten angehört hat!

Der größte Dank jedoch geht an meinen Sohn Jan, der an der Wursttheke anstandslos Fleischwurst gefuttert hat, in der Quengelzone nicht komplett durchgedreht ist und mir verziehen hat, dass ich ihm das vergessene Matheheft nicht in den Unterricht gebracht habe.

Du bist der Beste!

Sabine Jürgens, Juni 2013

.